영유아 몬테소리
음악 · 미술 · 요리

AMI KOREA

영유아 몬테소리
음악 · 미술 · 요리
괜찮아, 우리도 몬테소리가 처음이야 2

AMI KOREA

2024년 5월 11일 초판 1쇄 발행

지은이 AMI KOREA
발행인 조동욱
편집인 조기수
교 정 정이비 외
펴낸곳 헥사곤 Hexagon Publishing Co.
등 록 제 2018-000011호 (2010. 7. 13)
주 소 경기도 성남시 분당구 성남대로 51, 270
전 화 070-7743-8000
팩 스 0303-3444-0089
이메일 joy@hexagonbook.com
웹사이트 www.hexagonbook.com

ISBN 979-11-92756-40-0 03370

영유아 몬테소리
음악 · 미술 · 요리

괜찮아, 우리도 몬테소리가 처음이야
2

AMI KOREA

HEXAGON

아이의 정신의 창조를 이끄는
몬테소리 음악, 미술, 요리 활동

글 정이비
AMI 0~3세 트레이너

나는 AMI 0~3세 몬테소리 교육의 교사 자격증 과정인 디플로마 코스를 이끌며 몬테소리 교육에 진심인 열정 가득한 엄마들과 함께 한 시간이 너무나 행복했다. 아이를 위해서 최선의 노력을 다할 때 그들에게서 뿜어져 나오는 숨은 능력에 감탄과 찬사를 보내며 엄마들의 내면의 힘을 믿게 되었다. 그리고 졸업으로 인해 그들과 헤어져야 하는 것이 몹시 안타까웠다.

"여러분과 제가 맞은 인연은 오리엔테이션 코스부터 디플로마 코스까지 한두 해를 넘어선 긴 인연의 시간이었고 이렇게 졸업을 하고 헤어지기에는 많이 아쉽고 섭섭합니다. 그래서 다시 만나고 싶습니다. 여러분의 열정과 노력으로 만든 ≪괜찮아, 우리도 몬테소리가 처음이야≫ 이후 미뤄뒀던 제2탄의 책을 만들고자 합니다."라고 제안을 했다. 그러자 이번에는 처음 모였던 것보다 더 많은 엄마들이 모였고, 아이들과 함께 하는 공동체 현장에서 일하는 교사들도 합류하게 되었다. 우리는 그렇게 두 번째 책을 만들기 위해 모여 음악 팀, 미술 팀, 요리 팀 3팀으로 나누어서 그동안 몬테소리 0~3세 코스에서 다루었던 내용을 다시 검토하고, 각자가 자신의 아이들과 함께 한 활동들을 모으기로 하였다.

> "그래서 우리는 인생의 첫 2년 동안 성장보다는 오히려 정신적 창조에 있다."는 결론에 도달해야 한다. 이 기간 동안 능력의 창조, 의식의 생성, 모든 것이 창조된다. 그리고 나중에 이렇게 창조된 것이 확대되고 완벽한 본성이 된다. 이러한 이유 때문에 생후 첫 시기가 가장 중요하다. 만일 창조 시기에 어떤 것이 부족되면 그것은 영원히 결여될 것이다. 왜냐하면 일단 이 시기는 끝이 나게 되고 아이는 이 힘을 잃게 된다.
>
> – Maria Montessori, London Course 1946

Dr. 몬테소리는 런던 코스 1946 (London Course 1946) 책에서 위와 같이 "아이의 정신"에 대해서 강조했다. 아이의 정신? 어린 생명이기에 오직 눈에 보이는 아이의 신체적 성장에만 주목했던 부모들에게 아이의 정신을 논하는 Dr. 몬테소리의 통찰력은 얼마나 놀라운 일인가! Dr. 몬테소리는 인생의 첫 2년 동안은 아이들의 신체의 성장만을 중요시할 것이 아니라 오히려 정신의 창조가 중요함을 강조했다.

그렇다면 이 시기 아이의 정신의 창조는 어떻게 가능한 것일까? 이 기간 동안 능력의 창조, 의식의 생성은 어떻게 이루어지는 것일까? 다행히 우리는 몬테소리 교육에서 그 해답을 찾은 것 같다. 몬테소리 교육을 통해서, 특히 일상생활 활동을 포함한, 0~3세 몬테소리 교육의 음악, 미술, 요리의 활동에 그 해답이 있음을 알게 되었다.

0~3세 몬테소리 교육에서 음악, 미술 활동의 가장 중요한 목표는 아이들의 표현의 욕구를 존중하는 것이다. 인간은 누구나 자신을 표현하고 싶어 한다. 이것은 인간의 본성이다. 그래서 문자가 생기기 이전에도 이 표현의 욕구는 동굴 속의 벽화로, 춤으로, 노래로 형상화되었다. 아이들도 마찬가지이다. 아이들은 자신의 존재를 표현하고 싶어 한다. 우선, 우리는 이 욕구를 실현하도록 도와줘야 한다. "자연 속에서 창조는 무엇인가를 만드는 것만이 아니라 그것이 쓰일 수 있도록 허용하는 것이다. 신체 기관은 완성되기만 하면 그 즉시 환경 안에서 쓰여야 한다." Dr. 몬테소리의 흡수정신에 있는 글이다. 걷기 기능이 가능해진 아이에게는 그 기능을 연습할 수 있는 걷기에 맞는 환경이 있어야 하듯, 끄적거리는 기능이 가능해진 아이들에게는 언제든지 끄적거릴 수 있는 환경이 필요하다. 그래서 몬테소리 교육에서는 환경의 중요성을 강조한다. Dr. 몬테소리는 아이들의 표현의 욕구를 지원하기 위해서 언제든지 표현할 수 있도록 준비된 환경이 필요함을 강조한다. 일주일이든 일 년이든 언제든지 아이가 하고 싶어 할 때 할 수 있도록 환경에 준비해 두고 아이 스스로 선택해서 활동을 하고 다시 또 다음에 할 수 있도록 정리해 둔다.

그러나 이와 같은 활동 방법은 몬테소리 교육이 아닌 다른 교육에서는 찾아보기 어렵다. 일반적인 미술활동을 생각해 보자. 어른들은 마치 큰 행사를 준비하듯 행동한다. 그 행동은 마치 주인과 하인의 행동을 연상하게 한다. 주인(아이)이 납시도록 만반의 준비를 해 두고 아이를 맞이한다. 하지만 그 초대에도 아이는 완전한 주인의 역할을 수행하지 못한다. 하인(어른)은 미술 활동에 필요한 모든 재료와 환경을 준비하느라 분주하게 움직이고, 정작 활동을 할 때는 아이의 의사는 묻지 않고 어른 자신의 활동만을 모방하라고 지시와 통제를 한다. 간혹 아이가 미숙해서 따라오지 못하면, 아이의 작업 공간(도화지)에 어른 자신의 그림을 직접 그려준다. 그리고 후다닥 뒷정리는 또 어른이 한다. 그러한 작업 활동에서 그들이 지향하는 아이의 소근육 운동이 발달되고 창의적 표현력, 예술적 감수성이 발달될 수 있을까? 아닐 것 같다. 그 환경에서는 활동의 지속성이 보장되지 않아 반복적인 작업으로만 길러질 수 있는 소근육 운동 등의 아이의 능력이 창조되기란 불가능할 것 같다.

그럼, 몬테소리 미술, 음악교육은 어떠한가? 몬테소리 교육에서도 어른들의 참여는 있다. 처음 음악, 미술, 요리 등의 활동을 할 때는 당연히 어른들과 함께 한다. 하지만 어른이 아이가 할 수 있는 일을 대신해 주는 것이 아니라 Not to the child 아이의 잠재된 표현력을 믿고 아이와 함께 With the child 하는 것이다. 어른은 활동에 사용하는 도구 사용법과 기본적인 접근 방법만을 알려주고 뒤로 물러 난다. 아이가 음악을 듣고 싶어 하면 녹음기를 틀 수 있도록 작동법을 알려주고, 악기를 연주하고 싶어 하면 악기를 사용하는 방법을 알려준다. 크레용으로 끄적거리고 싶어 하면 끄적거리는 방법을 알려주고, 찰흙놀이를 하고 싶어 하면 찰흙을 주물럭거리는 동작만을 보여주고 뒤로 물러 난다. 물감으로 그림을 그리고 싶어 하면 어린아이들이 사용할 수 있도록 고안된 물감 통을 준비해 두고 물감 작업을 하도록 배려하고 뒤로 물러 난다. 거기까지이다. 어른의 역할은 거기서 끝나야 하며 아이가 무엇을 표현하든 그 표현의 내용은 아이의 몫이고 아이의 자유이다. 어른은 아이가 무엇을 그려내든 지켜보고 기다려야 한다. 이것을 그려라, 저것을 그려라 개입하고 방해해서 작업에 대한 흥미를 떨어뜨리는 것이 아니라 아이의 표현의 욕구가 자유롭게 꽃 필수 있도록 지켜보고 기다려야 한다. 요리 활동도 마찬가지이다. 어른은 음식 재료를 쟁반 위에 준비해 두고 아이가 하고 싶어 하면 재료를 다루는 법을 알려주고 아이 스스로 자르거나 다듬거나 작업을 할 수 있게 한다. 작업이 끝난 후 정리도 당연히 아이의 몫이다. 이것이 0~3세 아이의 능력을 기르는, 의식과 정신을 창조하는 방식이다. 이런 환경에 익숙한 아이는 어른이 아이에게 제공할 때 아무리 어린아이라도, 제공하는 어른들의 행동을 그대로 모방만 하지는 않는다. 만일 스스로 관리할 수 있도록 배려된 자율적 체계를 갖춘 환경이라면 아이들은 자신들이 다음에 무엇을 해야 할지 스스로 생각하고 다음 활동을 계획한다. 이렇게 아이의 능력과 함께 창의성, 예술적 감수성, 사고력은 자연스럽게 발달한다.

스스로 자신을 관리하고 환경을 관리할 수 있는 몬테소리 교육 환경에서 자란 아이는 유능한 아이로 자라게 된다. 어릴 때부터 스스로 밥을 먹을 수 있고, 스스로 옷을 입고, 스스로 코를 닦으며 자신을 돌볼 수 있고, 스스로 환경을 돌볼 줄 알고, 악기를 연주하고, 다양한 미술도구를 다루고, 요리하는 법, 설거지하는 법, 청소하는 법 등 많은 실제적 기술을 갖추게 된다. 그런데 이 실제적인 기술보다 더 중요하게 생각하는 것은 이러한 과정 속에서 성장하는 "아이의 정신"이라는 것이다. 바로 Dr. 몬테소리가 강조한 앞으로 삶의 동력이 될, 삶을 도와주는 Aid to life 능력의 창조, 의식의 창조가 이루어지는 것이다. 아이들은 일상생활 활동, 음악, 미술, 요리 등의 활동을 통해서, 작업에 대한 논리적 체계, 사고력, 사회성, 자기표현력, 예술적 감수성, 창의성, 언어 발달, 지능, 의지력, 집중력, 독립심, 자신감 등 정신의 동력이 창조된다.

나는 두 번째 책에서 우리들의 제한된 수업 시간 동안 미처 다루지 못한 음악, 미술, 요리활동에 대한 다양한 매뉴얼의 정보를 제공해 주고 싶었다. 그런데 그 내용을 준비하면서 우리들의 작업이 기존의 시중에 나와 있는 많은 음악, 미술 활동집과 어떤 차별성이 있을까 되짚어 봤다. 몬테소리 교육은 일반적 교육처럼 아이에게 지시하거나 대신하는 To the child가 아니라 아이가 주체적으로 설 수 있도록 도와주는 아이와 함께 하는 With the child 교육이다. 이 접근 방법의 변화만으로도 아이들의 음악, 미술, 요리 활동은 획기적으로 달라질 수 있다. 자신의 아이를 키우며 전문적인 0~3세 몬테소리 교육을 배운 다수의 엄마들과 교사들이 최선의 노력으로 제1탄인 "괜찮아, 우리도 몬테소리가 처음이야"의 일상생활 활동집을 만들고 이제 제2탄의 영유아 음악, 미술, 요리 활동집을 만들었다. 이제 이 책을 읽는 독자들은 특별한 전문적인 교육을 받지 않고도 0~3세에 관한 많은 실천 활동을 접할 수 있게 되었다. 오직 실천에 옮길 일만 남은 것이다. 그럼, 어떻게 시작할 수 있을까? 먼저 아이가 접근할 수 있는 환경을 만들어 주고 매뉴

얼 북을 토대로 준비물을 마련한다. 그리고 아이가 마음껏 표현할 수 있도록 자유롭고 편한 분위기를 만든다. 아이에게 선택의 기회를 주고 교구 사용법을 알려준다. 그리고 마음껏 실수할 기회를 주고 기다린다. 하고 싶은 만큼 수없이 반복하면서 집중하고 몰입한다. 이때 바로 아이의 정신의 창조, 능력의 창조, 의식의 창조가 일어난다.

이 책의 출간을 위해 노력한 많은 분들께 감사함을 전하고 싶다. 세상에 도움이 되는 책을 만들고자 최선의 노력을 아끼지 않는 헥사곤 출판사의 조기수 대표님, 조동욱 실장님과 열정 가득한 제2기 디플로마 코스의 모든 엄마와 교사들에게 감사함을 전한다. 또한, 우리 아이들의 미래를 생각하며 각 분야의 음악, 미술, 요리 전문가 선생님들께서 아이들을 사랑하는 마음으로 기꺼이 추천서를 써 주신 것도 너무나 감사하다. 더불어, 그들을 위한 노력이 우리 모두를 위한 노력이듯 어른들을 항상 분발하도록 이끌게 만드는 이 세상의 모든 아이들에게 이 책을 바친다.

"아이는 언제나 우리들의 아버지, 우리들의 스승이다."
아이들을 섬기면서, 우리는 생명을 섬긴다. 자연을 도움으로써 우리는 그다음 초자연의 단계로 넘어간다. 왜냐하면 자연의 법칙은 언제나 보다 높은 곳을 향하게 되어 있기 때문이다. 그리고 다른 차원으로 올라가는 아름다운 구조물을 세운 것은 아이들이다. 자연의 법칙은 질서이다. 그렇기 때문에 질서가 자연스럽게 찾아오면, 우리가 우주적 질서에 닿았다는 것을 알 수 있다. 아이들의 임무 중 하나는 어른들을 보다 높은 차원으로 끌어올리는 것이다.

-Maria Montessori, The Absorbent Mind

차례

Music at Montessori Home

가정에서의 **음악적 환경 만들기**

글 박수환, 한소이, 박상아 나

"모든 인간 그룹은 음악을 사랑한다.
각자 자신의 언어를 쓰는 것처럼 자신만의 음악을 만들어낸다.
각 그룹은 신체 움직임으로 자신의 음악에 반응하고 단어로 음악을 동반한다.
인간의 목소리는 음악이고 말은 음표이며, 그 자체로 의미가 없지만
모든 그룹은 자신의 특별한 의미를 지니고 있다.
인도에서는 수백 개의 언어가 그룹을 분리하지만 음악이 모든 그룹을 통합한다
다시 한번 각인된 인상이 남는다. 이것이 무엇을 의미하는지 생각해 보자.
어떤 동물도 음악과 춤을 가지고 있지 않지만,
인간은 전 세계 모든 곳에서, 춤과 노래를 알고, 만들고 있다."

Maria Montessori, The Absorbent Mind

음악이란 무엇일까?

벨기에의 작곡가 페티스는 음악이란, 음의 배합에 의해 사람의 감정을 감동시키는 예술이라고 했다. 즉, 음악이란 소리를 재료로 하여 인간의 사상이나 감정을 표현하는 시간예술이라고 볼 수 있다.

음악이란 무엇일까? 벨기에의 작곡가 페티스는 음악이란, 음의 배합에 의해 사람의 감정을 감동시키는 예술이라고 했다. 즉, 음악이란 소리를 재료로 하여 인간의 사상이나 감정을 표현하는 시간예술이라고 볼 수 있다.

'음악은 모든 문화에 존재하며 모든 인간은 음악을 이해하고 사랑하기에 인류는 하나로 연결될 수 있다.' 이러한 Dr. 몬테소리의 말은 인간과 음악 간의 깊은 관계를 강조한다. 인간은 음악적인 존재로 태어나며, 음악은 어쩌면 인간의 무의식적인 본성을 풀어내는 열쇠가 될 수 있다. 음악 영역에서의 몬테소리 교육은 이러한 인간 본연의 음악성을 아이에게 소개하고 발현시키는데 중점을 둔다.

몬테소리 교육의 관점에서, 음악은 단순히 노래나 악기 연주가 아니라, 아이가 주변 세계를 탐구하고 자아를 발견하는 도구로 사용된다. 음악을 통해 아이는 자연스럽게 신체의 움직임과 언어를 조화롭게 결합시키며, 자신만의 음악을 만들어 낼 수 있다. 그러나 많은 부모들과 교육자들은 아이의 음악적 능력을 키우기 위해 어떻게 음악적으로 다가갈지 시행착오를 겪는 것으로 보인다.

대개 많은 경우, 어린아이들은 문화 센터나 방문 수업을 통해 음악 활동을 처음 접한다. 강사는 정해진 30-40분 시간 안에 미리 정해진 곡을 연주하고 노래와 율동을 하며 아이에게 따라 부르고 움직이도록 유도한다. 하지만 공간은 제한적이고 아이들의 소리와 음악, 강사의 마이크 소리가 복잡하게 교차하며, 혼잡하고 소란스러운 상황에 아이들은 서로의 노래와 움직임에 집중하기 어렵다. 게다가 부모들은 자신의 아이가 강사의 지시를 따르도록 목소리를 높이고 이는 상황을 더 소란스럽게 만든다. 그럴수록 아이는 수업 시간 동안 집중하기 어렵고, 미리 정해진 노래와 가사에 흥미를 느끼지 못한다. 아이가 겨우 관심을 갖게 되면 강사는 이제 다음 단계로 넘어가기 바쁘다. 이러한 환경에서는 개인의 음악적 호기심과 창의성이 존중받기 어렵다.

그렇다면 과연, 어떤 방식으로 아이에게 음악을 소개하는 것이 인간의 본성에 내재된 음악성을 일깨우고, 아이와 환경을 존중하는 방식일까?

이 책을 통해 음악이 아이들의 발달에 미치는 중요성에 대해 이야기하고, 몬테소리 교육을 실천하는 부모님들이 자녀들에게 음악을 제공하는 구체적 실천 방법을 공유하고자 한다.

태아와 소리 그리고 음악

Dr. 몬테소리는 아이들이 환경에서 들리는 소리를 듣고 지각할 수 있는 능력은 이미 태아기 때부터 엄마의 움직임에 의해서 발달된 것이라고 말한다.

태아가 듣고 보고 피부로 느끼는 여러 가지 감각적인 자극들이 뇌세포 성장을 위한 에너지를 공급한다고 하는데, 그중에서도 청각적인 자극이 공급하는 에너지가 전체의 약 70 - 80% 이상을 차지하여, 소리나 음악이 정서적인 측면 외에도, 태아의 신체 발달과 지능 발달에 많은 영향을 준다는 사실이 과학자들에 의해 속속 밝혀지고 있다.

태아는 임신 후 12주경부터 엄마 몸속에서 나는 소리들, 곧 쿵쿵대는 엄마의 심장박동 소리나 내장이 움직이는 소리들을 주로 듣게 되며, 그러한 소리들은 태아의 청각 기관을 통해 태아의 뇌세포에 영향을 미치는 최초의 자극이 된다. 완전히 비어 있는 태아의 뇌에 입력된 이 최초의 소리들은 태아의 기억 속에 뚜렷이 각인되어 평생 동안 무의식 속에 자리 잡게 된다. 따라서 태아가 소리를 처음 들을 수 있게 되는 임신 초기에 어떠한 소리를 접하게 하느냐가 아기의 정서에 지대한 영향을 끼칠 수 있는 것이다.

그래서 태교의 한 방법으로 음악 태교가 있다. 사람의 정서 상태를 가장 정확하게 반영하는 것이 뇌파인데 어떤 활동을 하고, 어떤 상태에 있느냐에 따라 알파파, 베타파, 세타파 등으로 다양한 형태가 나타난다. 태아의 뇌파 상태가 중요한 이유는, 태아가 자라면서 특정 뇌파 상태가 지속적으로 나타날 경우 그 뇌파 상태가 학습이 될 수 있는 가능성이 있기 때문이라고 한다. 사람이 불쾌한 소음을 듣거나 스트레스를 많이 받게 되면 베타파가 나오고, 마음이 평안하고 안정되어 있을 때는 알파파가 나오는데, 태교시 듣는 좋은 음악은 산모의 기분과 마음을 안정시켜 주고 뇌 활성 호르몬의 분비를 촉진시켜 태아의 신체 및 두뇌 발달에도 긍정적인 영향을 줄 수 있다는 연구결과도 있다.

또 다른 한 가지의 예로는, 도로시 레탈렉(Dorothy Retallack)의 '음악과 식물의 소리(The sound of music and plant)' 책에서 식물에 클래식 음악을 들려준 식물은 건강하게 성장하고 헤비메탈 락을 들려준 식물은 잎이 구부러지거나 죽어버리는 차이를 다룬 것이 있다.

몬테소리 교육에서 바라보는 음악

음악은 국경을 초월한 보편적인 세계의 언어로서, 아이들은 모든 종류의 음악을 감상할 수 있는 선천적인 능력뿐만 아니라 음악을 통해 춤을 추고 창조하는 억제되지 않는 성향을 가지고 있다. 또, 음악을 통해 서로 감정을 나누면서 아이들의 인지 발달을 돕고 사회성 발달에 큰 영향을 준다. 또한 음악은 아이의 전인적 발달뿐만 아니라 긍정적인 자아상을 형성하므로 인격형성에도 많은 도움을 줄 수 있다.

그런 의미에서 Dr. 몬테소리는 음악은 아이가 존재하는 곳이라면 악기가 없어도 즉시 시작할 수 있는 우리의 의식주와 같은 것으로 몬테소리 교육에서 바라보는 음악의 특징은 다음과 같다고 하였다.

첫째, 몬테소리에서의 음악교육은 전문가를 양성하는 것보다 음악성을 개발하는데 목적이 있다(M. L. Leccese, Montessori : Educazione alla liberta. P.168). 아이들은 악기가 없어도 자연과 환경을 이용하면서 언제든지 음악적인 감수성을 즐길 수 있어야 한다.

두 번째, 음악은 특수한 것이 아니라 일반적이고 보편적이어야 한다(B. melda, Casa dei bambini : Michelangelo Virgillito p.158). 음악은 누구든지 즐길 수 있어야 한다. 그래서 Dr. 몬테소리는 민속음악이나 전래 음악, 대중성이 있는 음악을 권장하고 모든 자연이 음

악적 요소임을 강조하였다.

마지막으로, 음악은 각자의 개성과 특성을 나타내는 자기 표현이기 때문에 일관성이 있는 것이 아니라 다양성을 지닌다. 아이들은 음악을 통해서 자기의 감정과 창의 적인 생각, 그리고 내적 정서를 즉흥적으로 표현할 수 있어야 한다. 초인종 소리부터 길거리에서 흘러나오는 음악 등 아이들은 그들이 자연스럽게 일상생활에서 마주치는 음악과 상호작용하기를 원한다. 음악을 통해 아이들은 자연스럽게 몸을 움직이게 되고 이는 신체적으로나 정신적으로 긍정적인 역할을 하고 아이들이 자신을 안전하고 창의적으로 표현하도록 장려한다.

아이들의 발달에 영향을 미치는 음악의 중요성

유아기의 발달 동안, 아이들은 많은 새로운 것들을 배우게 된다. 아이들은 말하고, 소리를 지르고, 노래하면서 그들의 몸을 움직이고 소리를 처리하고 그들이 듣는 소리를 재현하는 방법을 알아낸다.

아이들은 자신의 의사를 말로 표현하기 이전에, 그들의 손짓부터 시작해서 끄덕임과 같은 몸짓으로 의사소통을 한다. 그렇기 때문에, 음악과 움직임은 아이들의 발달의 초기 단계를 돕는데 중요한 역할을 한다.

몬테소리 교육을 실천하는 가정에서는 음악을 어떻게 제공해 줄 것인가?

몬테소리 교육을 실천하는 가정에서는 다양한 방법으로 아이들에게 음악을 제공할 수 있다. 가장 효과적인 방법 중 하나는 아이들이 악기 연주, 음악 감상, 노래하기 등에 노출될 수 있는 음악적 환경을 조성하는 것이다. 이러한 환경은 아이들의 감각에 맞추어 풍부하고 다양하며 매력적이어야 한다.

0 - 3세 가정환경에서 실천할 수 있는 음악 활동

1) 악기 연주

아이들에게 안전하고 연령에 맞는 음악적 환경을 제공하는 것이 매우 중요하다. 부모님들은 톤 블록, 마라카스, 레인 스틱, 벨, 실로폰, 탬버린, 드럼 등 다양한 악기를 선택할 수 있다. 이렇게 악기를 선택할 때에는 특히 자연 소재로 만들어진 것이 좋고 우수한 음질을 내는 것을 선택하는 것이 중요하다.

부모님들은 음악을 제공할 때 공식적이거나 프로다운 연주를 할 필요는 없다. 대신, 악기를 사용하는 방법을 천천히 보여 준 후 자유롭게 체험하게 놔두는 것이 더 좋다. 이러한 접근법은 아이들이 자연스럽게 음악을 만들고 즐길 수 있도록 도와줄 수 있다. 또한 가족이나 친구들이 연주하는 음악을 아이들에게 소개하거나 악기의 실제 연주를 들려주는 것은 즐거운 학습 방법이 될 수 있다.

2) 음악 감상

부모님들은 아이들이 독립적으로 음악을 듣거나 연주할 수 있는 CD나 음악 플레이어를 제공할 수 있다. 음악을 선택할 때에는 간단한 가사, 감정적이고 매력적이며, 일상생활과 관련된 내용, 리듬과 움직임을 즐길 수 있는 기회 등 다양한 요소를 고려해야 한다.

3) 노래하기

Dr. 몬테소리는 일상생활과 관련된 노래를 부르는 것을 권장하므로, 부모님들은 환경 및 자연과 관련된 간단한 노래를 선택해서 아이들과 함께 움직이면서 즐겁게 부를 수 있다.

음악에는 다양한 장르가 존재하지만 록이나 폭력적인 가사나 리듬이 있는 음악은 지양하되 클래식부터 동요, 재즈, 팝 등 다양하게 경험시킬 수 있다.

음악은 아이들의 발달에 매우 중요한 역할을 한다. 몬테소리 교육을 실천하는 부모님들은 안전하고 다양하며 연령에 적절한 음악적 환경을 조성함으로써, 아이들의 커뮤니케이션 스킬, 감정 표현력, 음악에 대한 전반적인 이해력을 발달시키는 데 도움을 줄 수 있다. 이러한 환경은 창의성 및 상상력 발달에도 매우 중요하며, 아이들의 전반적인 발달에 기여할 수 있는 중요한 역할을 한다. 따라서, 자연의 소리부터 다양한 장르의 음악까지 즐겁게 음악을 즐길 수 있도록 지속적인 관심과 지원을 제공하는 것이 중요하다.

글 안건희

0~3세 아이들과 함께 생활하다 보면 이 연령대의 아이들이 특히 음악을 사랑한다는 것을 느낀다. 마치 음악이 그들 속에 내재되어 있는 것 같다. 활동을 전환하는 순간이나 집중이 필요한 순간은 물론이고, 어디선가 음악 소리가 흘러나오면 가만히 귀 기울여 그 소리에 집중하고 엉덩이를 들썩이거나 어깨춤을 춘다. 잠을 잘 시간이 되어 눈을 감는 것이 두려울 때에도 엄마의 자장가 소리를 들으면 이내 편안하게 고른 숨을 내쉬며 잠이 든다. 0~3세 아이들에게 음악은 그들 삶의 일부분이라는 생각이 든다. 엄마의 뱃속에서 늘 심장 소리, 혈액이 흐르는 소리, 엄마, 아빠의 말소리, 주변의 소리들이 태아에게는 일종의 음악이 아니었을까…. 그래서 태어난 후 익숙한 음악 소리를 통해 평안함을 느끼고 질서감을 찾는 것은 아닌가 생각해 본다.

어떤 것을 담을지는
아이들이
스스로 결정한다

글
이상준

비바첼 음악학원

나는 40년 동안 음악 교육을 하며 수많은 아이들과 부모님들을 만나며 성장 과정을 지켜봐 왔다. 많은 제자들이 예원, 예고, 서울대, 한양대 등 유수한 음악 대학에 진학하였고, 두 아들도 모두 서울대에 진학하였다. 오래된 선배 엄마로서, 여전히 아이들을 가르치고 있는 현역 교사로서, 같은 나이대의 손주를 둔 가족으로서 음악 이야기를 나누고자 한다.

부모의 욕심으로 악기 교육을 강요하다 보면, 아이들이 음악에 대한 흥미를 잃고 스트레스를 받는 경우를 많이 보았다. 실력이 뛰어난 아이도 악기를 그만두고 부모에 대한 반항으로 나타나기도 했다.

유아음악수업은 아이들이 음악을 즐기며 배울 수 있도록 다양한 활동을 제공한다. 리듬에 맞춰 손발을 움직이거나, 간단한 악기를 다루며 음악을 만들어 내는 등의 활동을 통해 아이들은 음악을 즐기는 기쁨을 느끼게 되고 악기 연주에 필요한 음감, 박자감, 리듬감 등이 자연스럽게 발달하게 된다.

몸으로 리듬감과 박자감을 익히고, 음악과 감정을 몸으로 표현하는 경험을 쌓으며, 게이름 놀이를 통해 음악적 감각을 키우고, 스토리가 담긴 음악을 감상하고, 다양한 악기를 체험하는 등의 다채로운 활동을 통해 아이들은 변화한다.

음악교육에 대한 긍정적 마음이 있다 보니 악기를 배울 때에도 태도가 달랐다. 의지와 집중력이 보였다. 음감, 박자감, 리듬감도 자연스럽게 발달이 되어서 악기를 배울 때 보다 수월하게 받아들였다. 기억을 해야 하고 상상력을 자극하다 보니 집중력도 좋아지고 인지 발달에도 큰 도움을 주는 것 같다. 음악 치료를 통해 안정이 된 경우도 많다. 상호 활동과 자기표현으로 사회성이 많이 좋아지는 아이들의 모습도 보였다. 이러한 다양한 효과들을 아름다운 음악과 즐거운 신체활동을 통해 발전시키는 것은 얼마나 멋진 일인가?

체계적인 음악 프로그램이 더 일찍 도입되었다면 어땠을까, 더 많은 사람들이 경험하면 얼마나 좋을까 하는 아쉬움이 크다. 유아음악교육을 시작한 이후, 지나온 날들을 되돌아보면서 음악, 삶, 행복, 성공에 대한 나의 생각이 크게 변했다. 아들과 며느리들에게 아이들 애써 공부시킬 필요 없다고 얼마나 강조하는지 모른다. 작은 그릇에 조금이라도 더 담으려 애쓰지 마라. 부모는 그릇을 키워주면 된다. 어떤 것을 담을지는 아이들이 스스로 결정한다.

우리는 빠르게 변화하는 시대에 살고 있다. 디지털 시대에도 아날로그 감성은 우리의 삶에서 필수적인 중요한 요소이다. 이것은 우리를 연결시키고, 창조성을 자극하며, 평화와 안정감을 제공한다. 기술이 발전하더라도, 아날로그 감성을 소중히 여겨야 하며, 그 매력을 계속해서 경험해 나가야 한다고 생각한다.

기술과 사회적인 변화와 발전에 비해 정서적으로는 불안한 시대이다. 자극적인 콘텐츠는 더욱 늘어난다. 이런 상황에서 우리 아이들에게 음악 교육은 정말 중요하다. 더 중요한 것은 음악을 통해 개인의 삶을 풍요롭게 살 수 있는 방법을 배우는 것이다. 이것이 우리가 아이들에게 줄 수 있는 가장 소중한 보물이지 않을까?

말하기를 배우기 위해 언어 환경에 있는 것이 중요한 것과 마찬가지로,
우리는 아이들이 노래의 가사, 리듬, 악기 연주에 대한 감상을 흡수하는
음악 환경을 만들고 제공할 수 있다.

주디 오리온, 몬테소리 트레이너

In the same way as it is important to be in a language environment
to learn spoken Language, we can create and provide a musical
environment for children where they absorb the words of songs, the
Rhythms, and the appreciation for playing musical instruments.

Judi Orion, Montessori trainer

가정에서의 음악 활동
-악기-

악기 연주하기

1) 아이와 악기 연주하기

아이는 태내 5개월이 되면 소리를 들을 수 있다고 한다. 음악을 일종의 언어로 볼 때, 말하기의 민감기인 태내 7개월에서 5세 사이의 시기에 음악에 대해서도 민감기를 갖고 있다. 음악을 만들어 내고, 표현하고, 의사소통하려는 경향성과 민감기가 바탕이 되어 음악에 큰 관심을 갖고 있다.

이 시기 아이들은 주변의 물건들을 두드리고 소리를 내는 방법으로 음악 활동을 한다. 단지 물건을 두드려서 소리가 나는 것 자체가 이 시기 아이들의 음악적 표현 방법이다. 한 예로 가정에서 주방을 탐색하다 냄비와 국자를 가지고 두드리며 표현하는 것은 매우 흔한 일이다. 아이들은 여러 가지 도구를 사용해 여러 소리를 내고, 소리의 차이점을 느끼기 시작한다. 이때 부모들은 주변의 사물을 두들겨 소리를 내는 활동에서 더 나아가 주변 사물을 활용한 악기를 만들어 줄 수도 있고, 아이들의 발달하는 소근육과 눈과 손의 협응력에 맞게 실제 악기를 구입해 줄 수도 있다.

이 시기 아이들이 쉽게 접근할 수 있는 악기로는 탬버린, 캐스터네츠, 작은 드럼 등의 간단한 타악기 등이 있으며, 악기를 소개할 때는 한 번에 한 가지씩 제공하여 아이가 충분히 탐색할 수 있도록 한다.

아이를 위한 악기 구매 시 권장사항

1) 시끄러운 소리를 내는 문구류에 속하는 악기는 지양한다.

아이의 신체 사이즈에 맞는 좋은 음질의 실제 악기를 선별하여 제공하는 것이 중요하다. 다만 피아노의 경우 일반 어른용 피아노를 제공하는 것이 시중의 아기용 피아노를 제공하는 것보다 낫다. 넓은 음의 영역(옥타브의 차이)을 체험할 수 있도록 하는 것도 중요하다. 아이가 혼자 앉기 어렵다면 엄마가 옆에 함께 앉아 아이와 함께 그 소리와 터치감을 느껴보는 것도 좋다. 덧붙이자면, 디지털 건반을 아이가 먼저 접하게 되면 누르는 힘의 차이로 나중에 어쿠스틱 피아노를 접했을 때 어려움을 느낀다. 반대로 어쿠스틱 피아노 건반을 누르다 디지털 건반을 누르게 되면 상대적으로 힘이 덜 들어가기 때문에 쉽게 연주할 수 있다. 리코더의 경우도 악기사에서 제조한 것을 준비한다. 문구사에서 제조한 리코더는 겉모습은 더 귀엽고 아름답게 꾸며져 있지만 제대로 손가락을 움직이기 힘들거나 음정이 잘 맞지 않을 수 있다. 문구사의 실로폰 또한 스틱으로 쳤을 때 맑고 청량하며 경쾌한 소리를 내지 못하고 둔탁하고 울리지 않는 소리를 낸다.

2) 음정이 맞지 않는 악기는 제공하지 않도록 한다.
시중에 나와 있는 유아용 악기 중에 때때로 음정이 맞지 않고 제대로 조율되지 않은 악기들을 발견하게 된다. 아이들이 이런 악기들을 처음부터 접하게 된다면 잘못된 음감이 형성될 수 있다. 음정에 대한 잘못된 기준점을 가지게 되면 나중에 고치기 힘들다. 따라서 처음부터 정확한 음정을 들려준다. 엄마가 음악 전공자 이거나 절대 음감의 소유자가 아니더라도 음정 조율을 위한 튜닝 앱들을 이용하면 어렵지 않게 음정 조절을 할 수 있다.

3) 되도록 여러 종류의 악기들을 골고루 제시하는 것이 좋다.
건반악기, 현악기, 관악기, 타악기에 해당하는 악기들을 제시하여 아이가 여러 종류의 소리와 터치감을 경험해 보도록 한다. 현악기의 경우 여러 종류의 사이즈가 존재하기 때문에 0-3세 아이에게 맞는 크기의 악기를 고를 수 있다. (1/16 혹은 1/10 사이즈가 유아기 아이들의 키 또는 팔길이에 맞는 현악기로 사용된다.) 관악기의 경우 아직 어린 연령의 아이들이 접하기 어렵다고 생각될 수도 있으나 시중에 있는 리코더(악기사 제조품) 혹은 플루트는 아직 아이들이 불기에 폐활량 등 신체적 조건이 맞지 않기 때문에 피콜로라는 플루트 족의 작은 목관악기를 제시해 줄 수도 있다. 주로 높은 음역대를 담당하며 음색 자체가 밝고 선명하다. 타악기의 경우 비교적 쉽게 접할 수 있는 음정이 없는 타악기로 탬버린, 마라카스, 트라이앵글, 캐스터네츠 등이 있고, 음정이 있는 타악기로는 쉽게 실로폰 정도를 제공할 수 있다.
"악기(개인/그룹)"는 아기가 관심을 보일 때부터 음악과 운동을 통한 연습을 지원하는 교구다. 교구는 다양한 리듬 악기를 포함하여, 탬버린, 드럼, 칼림바, 레인스틱 등을 아이들에게 소개하고 사용 방법을 가르치는 것을 목적으로 한다. 악기는 아이들이 다루기 편하며 시끄럽지 않은 소리를 내는 것을 선택하며, 보관용 바구니를 이용하여 깔끔하게 정리한다. 악기 연주를 통해 아이들에게 음악을 통한 언어, 운동, 두뇌, 정서 발달을 도와줄 수 있다. 악기 사용법을 배우면 자기표현 능력을 향상시킬 수 있다.

다양한
악기 소개

뮤직 박스 엄마 태내에서부터 사용한다.
잡아당기기 쉽게 끝에 링이 달려있다. 뮤직박스는 음악의 질이 좋고 편안한 것, 너무 빠르지 않은 음악을 선택한다. 벽에 낮게 매달아 둔다. 침대 가까이 운동 매트 옆에 두고, 처음에는 어른이 당겨서 소리를 들려주고, 아기가 이동할 수 있을 때, 앉아 있을 때, 잡고 일어설 수 있을 때는 스스로 당겨서 탐색하기 시작한다. 9~12개월 사이는 줄을 당길 힘이 생겨서 스스로 소리를 내고 몸을 흔들기도 한다. 줄이 아이 몸에 감기지 않도록 배려한다. 시각, 청각, 촉각 발달에 도움을 주는 경험을 제공한다. 소리로 피드백하며 흔들기, 팔 뻗어 잡기를 위한 자극을 제공한다. 눈과 손의 협응력을 위한 초기 경험을 제공한다.

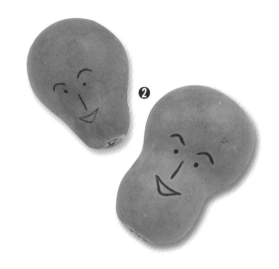

다양한 딸랑이 3~4개월

크래커는 흔들면 부딪혀서 소리가 나는 두 개의 나무틀이 있는 물건이다.
아기는 3개월 정도 되면 손에 딸랑이를 쥐고 잡고 흔든다.
아기가 잡을 수 있는 시기에는 아이 가까이에 놓아준다.
소리가 피곤하지 않고 듣기 좋은 나무 재질, 아이 손에 적당한 크기와
무게의 제품을 고려한다. 딸랑이 구매 시 아이 손 크기를 고려하여
상품 치수를 잘 보고 구매한다.
시각, 청각, 촉각 발달에 도움을 주는 경험을 제공한다.
소리로 피드백하며 흔들기, 팔 뻗어 잡기를 위한 자극을 제공한다.
눈과 손의 협응력을 위한 초기 경험을 제공한다.

❶ 가죽끈 방울
❷ 호리병박
❸ 은방울이 달린 나무 딸랑이
❹ 은으로 만든 딸랑이
❺ 방울이 들어있는 정육면체

탬버린 12~13개월부터

타악기 중 하나로 악기의 몸체를 두드려 소리를 내는 악기이다.
북면 밑이 뚫려 있고, 북통에 둥근 금속판인 징글이 한 쌍씩 붙어
있다. 탬버린을 치면 북면뿐만 아니라 징글도 같이 울린다.

연주법 :
① 왼손으로 탬버린 몸통틀을 쥔다.
② 오른손 손바닥, 손가락 등으로 북면을 두들겨 연주한다.
③ 허공에서 흔들어 징글만 흔들기도 한다.

북 12~13개월부터

북은 그 구조가 간단하며 손쉽게 칠 수 있는 인류 역사상 가장 오래된 타악기로써
세계의 모든 지방에서 공통적으로 볼 수 있으며 각 민족의 특징을 지니며
발달한 악기이다

작은북/드럼
연주법:
드럼 스틱의 끝부분을 양손으로 잡고, 북의 정중앙을 두드리며 소리를 내 본다.

트라이앵글 12~13개월부터

트라이앵글은 세모난 모양으로 구부린 강철봉을 금속 막대로 두드려서 소리를
내는 타악기이다.

연주법 :

① 트라이앵글의 세 변 중 뚫려 있는 부분이 오른쪽을 향하게 한다.

② 왼손 검지를 고리에 끼우고 엄지와 중지를 함께 잡아 고정하여 가슴 앞
  15-20센티 정도 띄워서 든다.

③ 오른손으로 트라이앵글의 채를 잡아서 밑변을 가볍게 친다.

* 참고: 트라이앵글은 아래쪽 가운데 부분에서 가장 큰 소리가 나고 가장자리로
갈수록 작은 소리가 난다.

주의사항 :

① 어린아이의 경우 고리에 손가락을 끼우고 고정해서 드는 것이 어려울 수 있다.

② 트라이앵글을 직접 잡게 되면 소리가 잘 나지 않으므로 고리에 손가락을
  끼울 수 있도록 도와주거나 어른이 대신 잡아준다.

트라이앵글의 소리 탐색 방법:

① 트라이앵글 세 변의 소리를 탐색해 본다.

② 트라이앵글을 흔들어 울림의 변화를 탐색해 본다.

③ 쇠막대로 문지르면 어떤 소리가 나는지 탐색해 본다.

④ 소리를 멈추려면 어떤 방법이 있는지 알아본다.

실로폰 12~13개월부터

실로폰의 경우 8음 공명 실로폰을 먼저 제공하는 것을 추천한다.

하나의 음을 소개해 주면서 점차 음을 익히고, 곡을 소개/연주할 때는 어떤 음을
치더라도 소개하는 곡의 화성의 음이 연주될 수 있도록 실로폰의 음을 분리시켜
놓을 수 있다. (실로폰의 음이 분리되는 것이 있다. 예-엔젤악기사의 공명 실로폰)

채 잡는 법 :

채를 잡을 때는 손바닥을 펴서 검지의 손가락의 마디 위에 채를 올리고 편한
위치에 엄지손가락을 위치시켜 두 손가락을 중심으로 채를 안정감 있게 잡고
나머지 세 손가락으로 가볍게 쥔다.

캐스터네츠 12~13개월부터

캐스터네츠는 선명하고 정확한 리듬을 연주하기 좋은 타악기이다.

연주법 :

① 캐스터네츠를 왼쪽 손바닥 위에 올린다.

② 악기가 벌어진 쪽이 가슴을 향하도록 한다.

③ 오른쪽 검지와 중지를 붙여서 가볍게 누르며 연주한다.

마라카스 5~6개월부터

마라카스는 한 손에 하나씩 쥐고 흔들어서 연주하는 라틴아메리카의 타악기이다. 가정에서는 플라스틱 통에 곡물을 넣거나 산책 시 흙이나 모래를 담아와서 아이와 함께 만들어 연주해 볼 수 있다.

0-3세 아이가 쉽게 쥐고 흔들 수 있는 적당한 사이즈를 준비한다.

연주법 :

① 한 손에 하나씩 손잡이를 쥐고 위아래로 흔들어 연주한다.

② 노래에 맞춰 다양한 율동과 함께 연주해 볼 수 있다.

칼림바 12~13개월부터

칼림바는 8음계, 아이의 손 사이즈에 맞는 것으로 제공한다.

연주법 :

① 두 손으로 악기를 감싸 쥐고 검지는 옆 면에 놓는다.

② 양손 엄지로 위에서 아래로 쏠어내리듯이 건반을 튕겨서 소리를 낸다.

③ 후면 사운드 홀에 손가락이 닿는 경우 중지로 막아주고, 그렇지 않은 경우 그냥 둔다.

④ 노래에 맞춰 다양한 율동과 함께 연주해 볼 수 있다.

레인스틱 12~13개월부터

레인스틱은 이름에서도 알 수 있듯이 안데스의 맑은 빗소리를 연상시키는 청명한 소리를 낸다. 마라카스처럼 빠르게 흔들지 않는다.

연주법 :

① 악기의 각도를 15~25° 정도를 유지하면서 천천히 오른쪽 왼쪽 번갈아 기울인다.

② 소리가 완전히 그칠 때까지 한쪽으로 천천히 기울이는 형태로 연주한다.

③ 응용법으로 레인스틱의 양쪽을 잡고 바퀴를 굴리듯이 천천히 앞으로 굴리면서 소리를 들어본다.

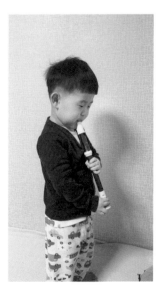

(소프라노) 리코더 12~13개월부터

플루트의 한 종류로, 세로로 부는 목관 악기이다.

연주법 :

① 왼손으로 리코더의 윗부분을 잡고 엄지손가락으로 뒤의 구멍을 막는다.

② 오른손으로는 리코더의 아래부분을 살며시 잡고 오른쪽 엄지손가락으로 리코더의 뒷부분을 살짝 받친다.

③ 양팔을 가볍게 떨어뜨린다.

④ 주의할 점은 취구를 너무 깊이 또는 힘주어 물지 않는 것이다.

Music at Montessori Home

가정에서의 **음악 활동**
- 음악 감상 -

아이와 나는 음악을 함께 듣고 부르며 서로의 관심사를 나눈다.
아주 어릴 때부터 우리의 관계가 음악으로 단단히 묶여있다 보니
아이는 늘 최근 가장 관심 있는 대상을 소재로 한 노래를
불러달라고 요구한다. 그러면 나는 그것이 어떤 소재이더라도
즉석에서 가사를 짓고 음률을 붙여 노래로 불러준다.
아이는 매우 흥미롭고 만족스러운 표정으로
엉망진창인 나의 노래에 귀를 기울인다.
그만큼 음악은 우리 관계 그 자체이다.
나는 음악을 통해 아이의 관심사를 알게 되고
아이는 음악을 통해 엄마의 사랑과 관심을 채운다.

아이와 음악 감상하기

영유아 시기에 음악 감상은 상당히 중요하다. 흡수한 것을 그대로 받아들이는 어린 시기의 아이들이기 때문에 우리가 갖고 있는 많은 음악적인 유산과 재능을 아이들에게도 제공해야 한다. 이때 주의할 것은 이 시기는 인간의 말을 배우는 시기이기 때문에 소리를 제공해 주는데 많은 제약이 있다는 것이다. 아이들은 시끄러운 소리들 속에서 사람의 소리를 구별해 내지 못하기 때문에 여러 소리를 복합적으로 제시해서는 안 된다. 시간을 선별해서 제한된 시간 속에서 음악 감상을 하고 나머지는 분명한 인간의 언어가 전달되는 환경이 필요하다. 배경 음악을 항상 틀어 놓게 되면 아이들의 언어 발달에 지장을 줄 수 있다.

태아에게는 부드럽고 조화로운 선율의 클래식 음악 혹은 가벼운 바로크 음악을 들려주는 것이 좋다. 음악은 진동으로 음파가 전달되기 때문에 그것이 지나치게 격하고 과하면 자연스럽게 거부하게 된다. 조용하지만 음률감이 있는 클래식은 생명의 성장을 촉진시키고 시끄러운 소리는 성장을 저해하는 것과 같다. 아이들은 이미 청각이 매우 발달된 상태이기 때문에 청각이 예민하다. 그래서 어른은 부드럽고 좋은 음악을 들려줘야 한다. 그러면서도 다양한 음악적인 환경을 만들어줄 필요가 있다.

음악 감상 시 주의 사항

아이가 활발하게 활동하는 상황, 나른하게 졸음이 오는 상황 등에 맞는 음악을 선곡하여 제공한다.
아이가 음악을 감상하는 동안 몰입하도록 돕고, 흐름을 방해하지 않기 위해 가급적 말을 시키지 않는다.
음악을 감상할 때는, 아이가 편안히 들을 수 있도록 음량을 조절한다. 아이에게 헤드폰으로 음악을 제공하는 경우에는 음량의 높낮이를 제어할 수 있는 헤드폰이어야 한다. 이것은 청각 손상을 방지하기 위함이다.
녹음된 음악을 듣는 것도 연습이 필요하다. 아이가 집중해서 음악을 들을 수 있는 10분 이내의 곡으로 선별한다.
음악 감상은 아이 혼자만 하도록 두지 않고, 엄마도 함께 집중하여 감상한다. 엄마가 집중하며 감상할 때 아이도 몰입할 수 있으며, 아름다운 음악을 함께 듣는 시간으로 아이에게 정서적 안정감을 느끼게 할 수 있다.
음악에 따라 아이가 음악을 듣고 느끼는 감정대로 율동을 하는 등 표현하는 시간으로 함께 할 수도 있다.

선곡 배경과 제시 분류 설명

다음에 소개할 곡들은 아이와 함께 집중해서 들을 수 있는 분량의 곡들 중에서 클래식 외의 다양한 장르, 지역별 민속 음악, 아이들에게 친숙한 악기의 소리, 마지막으로 자연의 소리로 구분했다. 추천 곡들은 0-3세 아이들의 엄마들이 아이와 함께 들어보고 좋아했던 곡들로 추려보았다.

장르별 음악

클래식 / 재즈 / 오페라

추천곡

피아노 협주곡 G 장조 1악장
Piano Concerto in G major -I. Allegramente

클래식

클라리넷 협주곡 A장조
K.622 (W.A.Mozart, Clarinet Concerto In A Major K.622)
Cl.Wenzel Fuchse

클래식

캐논 변주곡
Variations on the Kanon

클래식

바흐의 G 선상의 아리아
Bach: Orchestral Suit No.3 in D major BWV.1068-II.
Air on the G String

클래식

바나나 폰
Banana Phone

재즈

아기 코끼리의 걸음마
Baby Elephant Walk

재즈

'피가로의 결혼' 서곡
"Overture" from The Marriage of Figaro, K. 492

오페라

'마술피리' 중 밤의 여왕 아리아
Der Hölle Rache kocht in meinem Herzen

오페라

작곡가 / 가수	추천 이유
모리스 라벨 Maurice Rave	아이들에게 처음 들려주었을 때 꺄르르 웃으며 박수를 쳤던 곡이다. 쾌활하고 리드미컬하면서도 서정적인 곡으로 북, 첼로, 비올라, 피아노 등 다양한 악기의 아름다운 조화를 느낄 수 있다. 첫 시작부터 아이들의 마음을 뺏을 수 있는 흥미로운 곡으로 연주곡의 아름다움을 경험할 수 있는 곡으로 추천한다.
모차르트 Wolfgang Amadeus Mozart	다양한 악기의 하모니를 감상할 수 있고, 특히 클라리넷 악기 소리를 집중하여 감상할 수 있다. 속삭이거나 이야기하는 것과 같이 소리의 세기도 다양하다.
파헬벨 Pachelbel	대중가요, 영화 배경음악에서 자주 사용되어 친숙하게 들을 수 있는 곡이다. 이 곡은 같은 선율이 간격을 두고 반복이 되는데 단순하게 반복되는 것이 아니라 새로운 리듬과 장식음이 더해지면서 풍성하게 변화하는 것을 감상할 수 있다.
바흐 Johann Sebastian Bach	바흐 곡의 웅장함을 아주 잘 살려낸 명연주로 여러 버전이 존재하지만 카라얀이 지휘한 베를린 필하모닉의 연주 음반을 추천한다. 현악기들이 모여 선율을 넘나들며 서로 조화를 이루고 음의 여러 영역 대를 흐르듯 느낄 수 있다.
라피 Raffi	아이들의 수준에 맞게 쉬운 가사와 흥미로운 리듬으로 구성되어 재즈를 재밌게 즐길 수 있다. 중간에 나오는 색소폰 연주도 매력적이다.
헨리 맨시니 Henry Mancini	음악을 들으면 마치 귀여운 아기 코끼리가 느릿느릿 걸어가는 모습을 떠올릴 수 있다. 재미있는 선율로 아이들도 좋아하는 음악이다.
모차르트 Wolfgang Amadeus Mozart	밝고 경쾌한 리듬과 웅장함을 느낄 수 있는 곡으로 현악기, 관악기, 타악기 등 다양한 악기의 소리를 한 가지씩 집중해서 들어볼 수도 있고, 한데 어우러지는 하모니도 느껴볼 수 있는 곡이다.
모차르트 Wolfgang Amadeus Mozart	음악회 및 유아&초등 음악책에서 쉽게 접할 수 있는 곡으로 모차르트의 3대 오페라 곡 중 하나인 마술피리를 통해 소프라노에 대해 안내할 수 있고 어려운 고음 기교 곡으로 소개하면 좋은 곡이다. 여유로운 오후에 아이와 함께 감상하며 "아아아아"하고 따라부르는 등 즐겁게 오페라를 접할 수 있어 추천한다.

장르별 음악

영화음악 / 탱고 / R&B
Rock / 뉴에이지 / 동요

추천곡

Remember Me
영화 '코코' 주제곡

영화음악

도레미송
영화 '사운드 오브 뮤직' 중

영화음악

Over the Rainbow
영화 '오즈의 마법사' 중

영화음악

Libertango
리베르탱고

탱고

Stand by me

R&B

Viva La Vida

Rock

Forest

뉴에이지

The more we get together

동요

작곡가 / 가수	추천 이유
크리스틴 앤더슨로페즈 Kristen Anderson-Lopez, 로버트 로페즈 Robert Lopez	아이가 어릴 때는 자장가로, 이후에는 함께 애니메이션을 보며 가사를 통해 가족의 의미를 되새겨볼 수 있는 곡이다.
리처드 로저스 Richard Rodgers	원곡은 기타 연주로 소개되었다. 피아노, 실로폰, 터치벨 등 아이가 연주할 수 있는 악기를 통해 계이름을 익히며 음악 활동을 할 수 있다.
헤럴드 알런 Harold Arlen, 작사 입 하버그 Yip Harburg, 노래 주디 갈란드 Judy Garland	비가 그친 뒤 화창해진 날씨를 느끼며 들어볼 수 있다. 아이와 함께 변화된 날씨를 바라보며 상호작용하기 좋은 노래로 아름다운 선율의 재즈 스탠다드 곡으로 들려줄 수 있다. 또한, 비가 그친 뒤 화창해진 날씨의 변화를 느끼며 희망의 메세지를 전달할 수 있다.
아스토르 피아졸라 Astor Piazzolla	아르헨티나의 탱고 곡으로 '반도네온'이라는 생소한 악기가 주를 이루는 탱고 음악을 소개하기에 좋은 곡이다. 아이에게 음악과 함께 탱고 춤을 추는 장면을 제공하면 더욱 인상적이다.
벤 이 킹 Ben E. King	세상 모든 사랑과 우정에 대한 찬사를 보내며 따뜻한 감정을 불러 일으키는 노래로 아이와 다양한 문화와 인종에 대한 이야기를 나누기에 좋다.
콜드플레이 Coldplay	신디사이저, 일렉트릭 기타와 같은 현대 악기와 피아노, 클래식 기타, 콘트라베이스, 바이올린, 첼로, 드럼, 심벌, 비올라 등의 클래식 악기가 아름답게 이루어지는 다양한 소리를 경험할 수 있다.
유키 쿠라모토 Yuhki Kuramoto	같은 선율이 반복되어 쉽게 흥얼거릴 수 있는 곡이다. 봄의 따뜻한 햇살, 여름 나무 그늘, 가을의 산, 겨울의 눈을 담은 아름다운 피아노 곡. 플루트는 경쾌함, 바이올린은 감정을 불어넣는다. 함께 소풍 가는 날의 들뜬 마음을 담아 표현한다.
어빙 킹 Irving King	가족 그리고 친구와 함께 할 때 부르기에 좋은 노래로 경쾌한 리듬에 반복되는 가사가 인상적이다. 더불어 사는 삶의 아름다움을 노래로 표현한 곡으로 추천한다.

추천곡
_____

Happy

_____

디스코

Three little birds

_____

레게

Don't Worry Be Happy

_____

레게, 재즈

For the golden corn

_____

시 노래(Poem Song)

장르별 음악

디스코 / 레게 / 기타

작곡가 / 가수	추천 이유
퍼렐 윌리엄스 Pharrell Williams	어깨 춤이 절로 나오는 신나는 리듬과 흥겨운 노래 가사를 들으며 가정에서 어른과 아이들이 함께 어울려 흥겨운 댄스 파티를 열 수 있는 신나는 노래이다.
밥 말리 Bob Marley	"Don't worry about a thing cause every little thing gonna be alright" 이라는 긍정적인 가사와 함께 밥 말리 특유의 레게 감성을 아이들에게 알맞은 가사로 재치있게 풀어냈다. 아이와 함께 편안하고 느긋하게 즐길 수 있는 레게 음악으로 추천한다.
바비 맥퍼린 Bobby McFerrin	캐치하고 경쾌한 멜로디와 휘파람을 이용한 화음으로 귀를 사로잡는다. 쉬운 멜로디로 아이가 쉽게 레게, 재즈를 경험할 수 있으며 "Don't worry, Be happy" 등 반복되는 가사는 아이의 언어 발화에 도움이 될 수 있다.
미상	'For the golden corn'은 식탁에 앉아 음식에 대한 감사를 표하는 노래로 몬테소리 교실에서 식전 곡으로 아이들과 함께 부르는 노래이다. "We give thanks every day" 로 맺는 이 노래는 식사 전 시로 함께 읽거나 노래로 부를 수 있어 추천한다.

장르별 음악

트로트 / 힙합 동요 / 가요

추천곡

좋아 좋아

트로트

알파벳 송 힙합

힙합 동요

내가 만일

가요

사람이 꽃보다 아름다워

가요

가을아침

가요

Little Star

가요

작곡가 / 가수	추천 이유
연규성, 혜가서/이찬원	대한민국의 대중적, 정서적 흐름이 담긴 음악 장르인 트로트를 아이에게 친숙하게 소개할 수 있는 곡이다. 쉽고 간결한 멜로디가 반복되어 따라 부르기 쉽고, 아이의 기분이 좋을 때 "좋아"라는 감정 어휘 표현을 소개할 수 있다.
미상	아이들에게 친숙한 알파벳을 소재로한 힙합 노래로 보다 익숙하게 새로운 장르를 경험할 수 있다.
안치환	엄마와 아이가 함께 듣기 좋은 가요 중 하나로 모두가 힐링할 수 있는 곡이다. 가사의 내용이 엄마가 아이에게 보내는 사랑의 메시지로 해석되기도 한다. 안치환의 원곡을 어린 연령의 아이와 듣기 어렵다면 피아노 반주곡인 오월(O'wall)의 리메이크 버전을 추천한다.
안치환	아이와 함께 듣기 좋은 한국 가요 중 하나로 '우렁우렁 잎들을', '짙푸른 숲' 등 다양한 한글 어휘 표현이 인상적이다. 안치환의 원곡이 부담스럽다면 주예인의 리메이크 곡을 추천한다. '누가 뭐래도 (이름)은 꽃보다 아름다워' 가사는 특히 아이에게 불러주기 좋다.
양희은	잔잔한 멜로디와 편안한 연주가 아이와 함께 이동하는 차 안에서 편안하게 감상하기 좋다. 반복되는 멜로디에 유사한 음절의 가사가 반복되어 재미를 느낄 수 있다. 토닥토닥, 엉금엉금, 딸각딸각 등의 의성어가 재미있는 곡이다.
Standing Egg	잔잔한 리듬과 함께 '내가 지켜줄거야'라는 가사로 아이가 잠들기 전 안정감을 얻을 수 있게 도와줄 수 있다.

추천곡

강강술래

한국 민속음악

사물놀이 (삼도 사물놀이)

한국 민속음악

달

한국 민속음악

새타령

한국 민속음악

장르별 음악

**한국민속음악
나라 또는 지역별 민요**

모리화

중국 민요

Oh my darling Clementine
(클레멘타인)

미국 민요

Aloha'Oe

하와이 민요

Muss i denn,
muss i denn zum stadtele hinaus

독일 민요

작곡가 / 가수	추천 이유
미상	강강술래는 우리나라 무형 문화재이자 민속 놀이이다. 흥겨운 리듬과 반복되는 가사로 아이들이 쉽게 익힐 수 있으며 음악에 맞추어 강강술래 민속 놀이도 함께할 수 있다.
미상	타악기 소리의 흥겨움을 느낄 수 있으며 각각의 악기는 자연의 소리를 표현한다. 꽹과리는 "천둥소리", 징은 "바람소리", 북은 "구름소리", 장구는 "빗소리" 를 표현한다.
미상	민속의 명절, 추석이면 가을밤을 밝게 비춰주는 보름달이 있다. 아이와 함께 가족이 모두 모여 뒷동산의 달 구경을 하면서 즐겁게 합창을 할 수 있는 노래이다. 가벼운 리듬악기로 박자를 맞춰서 노래를 부르면 가족과 함께 했던 즐거운 추억이 떠올라 흥겨운 마음이 절로 난다.
미상, 연주자: 앙상블 수	단조롭고 딱딱한 느낌일 수 있는 전통 민속곡을 퓨전 음악으로 연주해 더 친근하고 흥미롭게 민속곡에 접근할 수 있다. 전통 악기와 그 외의 악기소리가 조화롭게 어울리는 음악을 경험할 수 있다.
미상	중국 강소지방의 전통 민요이다. 모리화의 아름다움에 감탄하며 친구에게 보내고 싶다는 내용의 가사와 간결하고 아름다운 멜로디가 잘 어우러져 아이들에게 소개하기 적합하다.
미상	미국의 서부개척시대 광부들의 상실과 애환이 담긴 노래로 우리나라에는 1919년경 전해지면서 나라 잃은 민족의 슬픔과 맞물려 우리 식으로 개사된 버전이 친숙하다. 느린 템포와 차분한 분위기의 멜로디를 소개할 수 있다.
Lili'uokalani	잔잔하고 평화로운 느낌의 민요로 하와이 전통 춤인 훌라춤에 관한 자료를 함께 제시하면 음악을 한층 더 풍요롭게 이해할 수 있다. 다양한 버전으로 리메이크된 노래들을 비교하며 들을 수 있는 시간을 가져볼 수 있다.
미상	밝고 경쾌한 리듬의 곡으로 행진곡이나 퍼레이드곡의 느낌으로 소개할 수 있다.

추천곡

Auf und auf voll lebenslust
(Lebenslust-Jodler)

독일, 스위스 민요 (요들송)

Santa Lucia
(산타루치아)

이탈리아 민요

Jambo Bwana

아프리카 민요

Palo, Palo

장르별 음악

나라 또는 지역별 민요

라틴 아메리카 민요

작곡가 / 가수	추천 이유
프란츨 랑 Franzl Lang	대표적인 민속 음악 중 하나인 요들송으로 시작부터 즐거운 멜로디와 독특한 창법으로 아이들의 흥미를 끌 수 있다.
테오도로 코트라우 Teodoro Cottrau	푸른 빛의 바다 풍경이 있는 이탈리아의 사진을 아이와 함께 보며 아름다운 선율과 가사를 음미하는 시간이 좋은 기억에 남아 추천한다.
미상	케냐 밴드의 노래로 스와힐리어로 쓰여진 가사는 케냐를 방문하는 외국인들에게 인사하며 케냐를 소개하는 내용이다. 토속적인 리듬과 경쾌한 리듬이 잘 어울리며 한국에서 초등학교 음악 교과서에도 수록되어 있다.
미상	반복되는 구절로 기억하기 쉽고, 생소한 발음도 따라하기 쉬운 노래로 아이와 춤 추기 좋은 경쾌한 리듬의 노래이다.

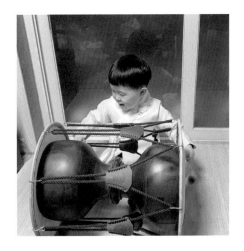

추천곡

피아노 소나타8번, 비창 3악장

피아노

Nocturne, Op. 9: No. 2

피아노

스페인 카프리치오 op.34, 1곡
「알보라다」

탬버린

할아버지의 낡은 시계

리코더

The 12 flute fantasias

플루트

소나무

아일랜드 휘슬

알함브라 궁전의 추억

기타

악기별 음악

피아노 / 탬버린 / 기타 등
다양한 악기

작곡가 / 가수	추천 이유
베토벤 Ludwig van Beethoven	피아노의 강약을 잘 표현한 작품이다. 대중적으로 매체에 많이 노출된 곡으로, 피아노의 다양한 모습을 발견할 수 있다.
쇼팽 Frédéric François Chopin	야상곡이라는 뜻으로 쇼팽의 피아노곡 중 대중적으로 친숙한 곡이다. 아름답고 잔잔한 선율의 피아노곡으로 차분한 분위기를 조성하는 데 도움을 줄 수 있는 곡이다.
림스키 코르사코프 Nikolai Andreevich Rimskii-Korsakov	흥겨운 탬버린 소리가 오케스트라 음악 속에 자연스럽게 어우러진 곡이다. 영상을 참고한다면 탬버린 연주자가 얼마나 흥겹게 연주하는지 볼 수 있는 것이 또 하나의 재미이고, 일반적으로 들고 치는 연주법이 아닌 무릎에 놓고 두드리는 주법 또한 흥미롭다.
헨리 클레이 워크 Henry Clay Work	리코더는 바람 부는 연습을 할 수 있는 악기이다. 자극적이지 않고 자연스러운 소리에서 안정감을 느낄 수 있다. 엄마가 불러줄 수 있는 어렵지 않은 곡으로 악기소리를 직접 들을 수 있어 흥미롭다.
게오르크 필리프 텔레만 Georg Philipp Telemann, 바르톨트 카위컨 Barthold Kujiken	플루트의 소리를 온전히 들을 수 있는 곡으로, 목관악기인 플루트의 섬세한 음색을 느껴볼 수 있다. 한 곡당 3분여 가량 되어 한 곡씩 감상하기를 추천한다.
송솔나무	휘슬의 청아하고 아름다운 소리 그대로를 들을 수 있으며 아름답고 경쾌한 연주의 흐름이 아이들에게 따뜻하게 다가갈 수 있어 추천한다.
프란시스코 타레가 Francisco de Asís Tárrega y	스페인 그라나다의 알함브라 궁전을 표현한 이 곡은 세계 문화유산과 함께 이야기할 수 있다. 이 곡은 기타의 트레몰로 기법으로 연주되어 신비로운 느낌과 몽글몽글한 감정을 전달한다. 가을에서 겨울로 넘어가는 아침에 듣기 좋은 곡으로 추천한다.

추천곡

'동물의 사육제' 중 화석

실로폰

오페라 '마술피리' 중
소녀든 여인이든

글로켄슈필

악기별 음악

피아노 / 탬버린 / 기타 등
다양한 악기

작곡가 / 가수	추천 이유
생상스 Camille Saint Saens	오케스트라 합주 속에서 밝고 경쾌한 실로폰 소리를 들을 수 있는 1분여의 곡이다. 긴 시간 땅 속에 묻힌 화석을 표현하면서 죽음의 무도 멜로디를 실로폰으로 연주하였는데, '반짝반짝 작은 별'의 멜로디도 들리는 듯하다. 짧지만 강렬하게 아이와 즐길 수 있는 음악이라 추천한다.
모차르트	오페라 곡 중 맑고 영롱한 글로켄슈필의 연주 소리를 들을 수 있다. 실로폰과는 다른 음색을 들어보는 재미가 있어 추천한다.

자연의 소리

아이에게 자연의 소리를 듣는 것은, 앞으로 살아가면서 듣고자 하는 특정 소리를 구분해 내는 청지각 기술과 음악 감상, 명상의 기본이 된다. 청지각 능력은 학습 및 타인과의 관계에서 중요한 영향을 주며 특히 집중력과 큰 연관이 있는 것으로 확인되어 어렸을 때부터 자연을(숲, 강, 바다) 산책하면서 자연의 소리를 듣는 활동을 하는 것이 좋다.

활동 방법은 집 근처/ 바닷가/숲/계곡/강에서 다른 소음이 없는 조용한 상태에서 아이에게 "귀를 기울여 잘 들어보자", "어떤 소리가 들리니?"라고 말하며, 자연의 소리를 집중해서, 편안한 자세로 들어본다. 아주 짧은 시간도 좋다. 점차 아이 수준과 흥미에 따라 시간을 늘린다.

활동 1. 집 근처에서 느낄 수 있는 자연의 소리

- 엄마 / 아빠의 심장박동 소리 귀 기울이기
- 벚꽃 잎 떨어지는 소리 듣기 활동
- 나무 사이를 바람이 지나가면서 내는 소리 듣기
- 새 소리 귀 기울이기
- 낙엽 밟는 소리 듣기
- 공원에서 잔디 밟는 소리 듣기

활동 2. 집 외에 느낄 수 있는 자연의 소리 - 산, 바다 등

- 숲에서 나는 소리 귀 기울이며 세어보기
- 갯벌 / 바다에서 들리는 소리 집중하며 듣기
- 하천 / 강 / 계곡에서 들리는 소리 집중하기
- 하천에 돌 던지며 소리 듣기

Music at Montessori Home

가정에서의 **음악 활동**
- 노래하기 -

윤지은 글

나는 아이가 태어나고 말을 잘하지 못할 때에
어떻게 상호작용을 해야 할지 미숙했었다.
그때 아이와 상호작용을 할 때 사용한 가장 쉬운 방법은 음악이었다.
아이를 재우며 자장가를 불러 주기도 하고,
산책을 같이하며 동요를 부르기도 하며 아이에게 다가갔다.
언제부턴가 혼자서 운전을 할 때 듣던 노래들이
아이가 태어난 후에는 동요로 바뀌었다.
차 안에서 함께 노래를 들으며 아이가 좋아하는 노래라도 나오면
나의 차 안은 금방 작은 노래방이 되어 같이 열창을 한다.
아이와 노래와 함께하는, 집으로 향하는 길이 늘 즐겁고 행복하다.
이렇게 오래갔으면 좋겠다.

아이와 노래하기

노래하기는 음악과 운동을 통한 연습을 통해 아이의 표현 능력을 발달시키고 언어, 두뇌, 그리고 정서 발달에 도움을 주는 활동이다. 이 활동은 태어나기 전부터 시작할 수 있으며, 엄마가 직접 노래를 부르거나 노래 모음집에서 곡을 선택해 부를 수 있다.

노래는 아이가 마음을 안정시키고 긴장을 해소하며 자기 자신을 표현할 수 있는 좋은 방법이다. 언제든 부를 수 있어 아이들이 즐기며 할 수 있다. 또한, 시끄러운 환경에서 집중하기 어려울 때 엄마가 노래를 시작하고 아이들이 귀를 기울여 들으면 분위기를 안정시키는 데 도움이 된다.

노래를 부를 때에는 엄마가 직접 노래를 부르는 것이 중요하며, 녹음된 음악을 사용하지 않는 것이 권장된다. 이유는 녹음된 음악의 리듬이 빠를 수 있어 아이가 따라 하기 어려울 수 있기 때문이다. 엄마가 노래를 아이들의 상황에 맞게 조절하여 부를 때, 아이들이 쉽게 이해하고 따라 할 수 있다. 또한, 천천히 노래를 부르고 입 모양을 잘 관찰할 수 있도록 노래하는 것이 중요하며, 반복이 핵심이다. 아이들은 같은 노래를 반복해서 부르고 싶어 하며, 이를 통해 리듬과 언어를 습득할 수 있다.

아이가 노래를 즐길 수 있도록 넓은 음악적 영역을 제공하는 것이 좋으며, 환경 소리나 악기 소리 등 다양한 소리를 소개하여 음악을 확장시킬 수 있다. 또한, 노래를 통해 움직임을 유발하고 율동과 함께 노래를 부르도록 하여 신체적 활동과 연계시킬 수 있다.

마지막으로, 일상에서 아이가 쉽게 따라 할 수 있는 노래를 제공하고, 다양한 나라의 민요를 알려줌으로써 아이의 음악적 경험을 풍부하게 하는 것이 중요하다. 이러한 방법을 통해 노래하기는 아이들의 다양한 발달 영역을 지원하고 엄마와 아이 사이의 특별한 연결을 형성하는 데 도움을 줄 것이다.

이후에 소개되는 곡은 0-3세 아이들에게 들려주고 함께 노래하기 적합한 노래로 선별했다. 이 시기 아이들이 집중해서 들을 수 있을 만한 길이, 단순한 멜로디, 반복적인 가사로 아이들이 쉽게 접근할 수 있고, 실제 0-3세를 양육하는 부모가 아이에게 들려주었을 때 아이가 좋아하여 즐겨 부르는 노래들을 모았다.

또한, 아이들과 함께 노래를 부르게 되는 여러 상황들을 고려하여, 다음 소개되는 상황별로 분류하여 소개한다.

아이와 노래하기

일상생활에서
부르기 좋은 노래

노래 제목
(작사/작곡)

추천인

추천곡

씨앗
(김성균/김성균)

김은영

시계
(미상/나운영)

박성희

뽐
(김성균/김성균)

최영은

얼룩 송아지
(박목월/손대업)

이은혜

과수원길
(박화목/김공선)

추교진

Inanay Song
(외국곡)

한원정

비행기
(윤석중/외국곡)

김민영

봄비
(김성균/김성균)

백선미

포인트 가사	추천 이유
씨씨씨, 쉿쉿쉿, 뽀드득 뽀드득 뽀드득	의태어가 들어있고 반복이 있어 리듬감이 좋다. 특히, 포인트 가사에 아이가 부를 수 있도록 하면 재미있어 한다. 아이에게 불러주면 집중해서 듣고 좋아한다. 식물에게 물을 주거나 씨앗을 심을 때 불러줄 수 있다.
똑딱똑딱	가정에서 흔히 접할 수 있는 시계에 대한 내용이라 어린 연령의 아이들에게도 소개하기 좋다. 특히 '똑딱똑딱'이라는 의성어가 반복되어 자연스럽게 음률을 느낄 수 있고, 아이들이 따라 부르고 싶은 포인트가 된다.
노랑색 양말 신은 사람, 왼 발 오른 발 뽐내 보세요	간단하고 쉬운 노래 가사와 음으로 구성되어 있어 어린 아이들이 부르기 좋고 노래를 통해 색상과 의상의 명칭을 재미있게 익힐 수 있어서 추천하고 싶다.
송아지 송아지 얼룩 송아지 엄마소도 얼룩소 엄마 닮았네	단순한 노랫말과 가락에서 동심을 느낄 수 있다. 송아지와 엄마 소가 닮았다는 노랫말을 부르며 아이는 엄마를 떠올리며 친근감을 느낄 수 있다.
향긋한 꽃 냄새가 실바람 타고 솔솔	이 노래는 서정적이고 친근하며 아름다운 멜로디로 자장가로 적합하다. 엄마와 아빠가 부르면 아기들은 편안하게 듣고 흥얼거리며 함께 부를 수 있다. 부모도 어린 시절에 즐겼던 이 노래를 부르며 기분이 좋아지고, 잠자기 전 아름다운 기억을 떠올린다.
Goo wanna Goo wanna, Goo wanna Goo wanna, Goo waa Choo!	호주 원주민 토착 자장가로 음률과 소리가 재미있고 단순해서 아이들이 쉽게 따라하며 좋아하는 노래 중 하나이다. 아이들이 나무 막대로 치면서 노래를 부르거나 손뼉을 치며 박자를 맞추며 부르는 것을 좋아한다.
내가 만든 비행기 날아라 날아라	아이가 블록으로 자신이 좋아하는 것을 만들기 시작한 시기에 말을 배우며 처음 부른 노래이다. 비행기를 만들며 2절 가사에 아이 자신의 이름을 넣어서 즐겨 불렀다. 엄마에겐 익숙한 노래가 아이와 특별한 추억이 되는 순간이었다.
유리창에 예쁜 은구슬 또로로로롱 또로로로롱	비오는 날 유리창에 맺히는 물방울을 예쁘고 귀여운 언어로 표현한 노래이다. 아이들이 비오는 날을 재미있는 소리로 기억하고, 노랫말을 통해 비가 오는 날 맺히는 물방울을 자연스럽게 관찰하게 될 것 같아 추천하고 싶다.

아이와 노래하기

**일상생활에서
부르기 좋은 노래**

추천곡

그대로 멈춰라
(김방옥/김방옥)

나처럼 해봐라
(미상)

달
(윤석중/권길상)

Finger Family
(작자미상 외국곡)

작은 별
(Jane Tailor/모차르트)

안진희

꼭꼭 약속해
(오수아/오수아)

포인트 가사	추천 이유
그대로 멈춰라	'즐겁게 춤을 추다가' 부분에서는 어른과 함께 춤을 출 수 있고 함께 움직이다가 동작을 멈추며 아이와 함께 게임처럼 부르기 좋다. 아이와 둘이 해도 좋고 많은 아이들과 함께 하면 더욱 흥미롭다. 눈을 맞추고 몸을 움직이면서 상호작용 하며 즐거운 시간을 보낼 수 있다.
나처럼 해봐라 이렇게	반복적이고 쉬운 노래가사로 익히기 쉽다. 서로의 동작을 따라하면서 친밀감, 유대감을 높일 수 있고 아기이름을 넣어 "OO처럼 해봐라"하며 노래를 부르면 아기도 즐거워한다.
달달 무슨 달	반복되는 가사와 느린 박자로 쉽게 부를 수 있다. 팔로 크게 달을 만들어보면서 춤추며 노래부르기에도 좋고 밤에 아기가 잠들지 않을 때 창가에 있는 달을 찾아보며 자장가처럼 불러주어도 좋다.
Where are you, Here I am	손가락을 움직이며 소근육을 발달시키고 가족들의 명칭을 익힐 수 있다. 손가락을 등 뒤로 숨겼다가 내밀면서 노래를 부르면 아기가 즐거워한다.
반짝반짝 작은 별	자장가로 불러주거나 손유희를 하며 주의를 집중시킬 때, 실로폰과 같은 악기 연주를 할 때 등 다양한 상황에서 부를 수 있다.
새끼 손가락 고리걸고 꼭꼭 약속해	친구들과 함께 부르기 좋고 손가락을 많이 움직이는 동작이 많아서 소근육 발달에도 도움이 된다. 아이가 친구들을 만났을 때 함께 부르기 좋고 사랑과 우정을 표현하며 노래를 통해 친구 관계를 자연스럽게 이해할 수 있다.

아이와 노래하기

산책할 때
부르기 좋은 노래

추천곡

간다 간다
(김성균/김성균)

고우라

모두 다 꽃이야
(류형선/류형선)

안진희

잘잘잘
(전래동요 작자미상)

이미경

자전거
(목일신/김대현)

최미란

도토리
(유성윤/황철익)

김보라

잠자리
(백약란/손대업)

문지영

숲 속을 걸어요
(유종슬/정연택)

곽희재

포인트 가사	추천 이유
간다 간다 간다 간다 반복, 뛰뛰빵빵	아이들의 흥미가 높은 교통기관을 주제로 한 동요로 다양한 교통기관으로 개사하여 불러볼 수 있다. 반복되는 '간다'의 표현으로 동요를 통한 언어자극과 함께 조음훈련에 유용하다.
아무데나 피어도, 생긴대로 피어도, 이름없이 피어도 모두 다 꽃이야	가사가 반복되고, 아이들이 부른 버전을 들려주니 아이가 거리감 없이 접근할 수 있었다. 노래는 어떤 모습이든 유일무이한 아이의 존재를 표현하며, 엄마에게도 위로가 되는 것 같다.
(숫자)하면 (등장인물)이 (행동)했다고 잘잘잘	구문이 반복되고, '잘잘잘'이라는 재미있는 표현이 계속해서 나오며, 숫자 이름과 등장인물 이름의 첫 자가 비슷한 소리를 내어 언어유희적 요소가 첨가되어 아이가 흥미를 느끼며 부를 수 있는 노래이다. '잘잘잘'이라는 그림책이 있어 그 책을 보면서 노래를 부르는 것도 좋다.
따르릉 따르릉 비켜나세요. 자전거가 나갑니다 따르르르릉	단순한 멜로디와 재미있는 가사로 아이들이 쉽게 따라 부를 수 있다. 반복적인 가사와 리듬이 언어발달과 기억력 향상에 도움이 되며, 엄마와의 스킨십을 통해 아이의 운동 능력과 교감을 촉진시킬 수 있다.
떼굴떼굴 떼굴떼굴 도토리가 어디서 왔나	포인트 가사가 계속 반복된다. 가을 정취를 느끼며 도토리를 주울 때, 이 노래를 부르며 아이의 흥미를 이끌 수 있다.
잠자리 날아 다니다 장다리 꽃에 앉았다	잠자리라는 산책 시 쉽게 볼 수 있는 소재를 주제로 아이에게 친근하게 다가갈 수 있는 동요이다. 잠자리-, 장다리꽃-, 잡다가-, 짖다가-등 'ㅈ'으로 시작하는 말놀이 가사가 처음 말을 배우는 아이들에게 재미를 준다.
숲속을 걸어요 산새들이 속삭이는 길, 숲속을 걸어요 꽃 향기가 그윽한 길	아이들과 숲을 걸으면서 자연을 접할 때 함께 노래를 부르면 신이 나고 즐겁게 걸을 수 있다. 초등 교과서에 있는 곡이기도 하고 '숲속을 걸어요' 구절이 계속 반복되어 아이들이 부르기 쉬워서 엄마와 함께 흥얼거리며 추억할 수 있는 곡이다.

아이와 노래하기

함께 부르기
좋은 노래

추천곡

Rain, Rain, Go Away
(작자미상/외국곡)

전민지

Row, Row, Row Your Boat
(작자미상/외국곡)

박유나

사랑
(김성균/김성균)

고은비

개구리
(김성균/김성균)

김수지

동물 흉내
(프랑스 민요)

이새해

안녕
(김성균/김성균)

박이슬

친구야 나는 너를 사랑해
(작자미상/외국곡)

박은민

포인트 가사	추천 이유
Rain rain go away, Come again another day, Little OO wants to play, Come again some other day	비 오는 지역에서 아이들에게 환경을 소개할 수 있는 좋은 방법은 동요를 활용하는 것이다. 아이의 이름을 넣어서 불러주면 그들의 흥미와 참여도를 높일 수 있다. 짧고 반복적인 가사로, 비 오는 날 하루 종일 노래를 부르는 아이들도 있다.
Row, Row, Row Your Boat / Merrily, Merrily, Merrily, Merrily	반복되는 가사를 연이어 발음하는 것을 흥미로워하며 재미있게 따라했다. 노래를 부르다보면 발음이 뒤죽박죽되며 혀가 꼬이는 것 조차도 아이가 깔깔대며 웃고 즐거워하였다.
(엄마, 아빠, 선생님) 보면 나도 몰래 뛰어가 안기고 싶어, 사랑이죠	첫째 아이가 처음으로 완곡했던 추억이 있는 노래이다. 노래가 쉬워서 율동하면서 부르기 좋고, 친구들 이름을 넣어 부르면 아이들이 노래에 더 집중하면서 좋아한다.
개구리 울음 소리 (꽥꽥/깩깩/골골), 이야이야요 (반복되는 가사)	짧고 반복되는 가사로 만들어진 동요이다. 따라 부르기 쉽고, 다른 동물들로 개사하여 울음소리를 표현하는 것도 재미있다. 그 동물의 움직임을 흉내내면서 동요를 부르면 재미있어서 추천한다.
오리는 꽥꽥, 염소는 매애, 돼지는 꿀꿀, 소는 음머	반복되는 가사에 아이가 부르기 좋았다. 동물의 울음소리(의성어)를 익힐 수 있어서 좋았다. 엄마가 동물 이름을 말하면 아이는 소리를 말하며 번갈아 가며 노래를 부를 수 있어서 좋다.
안녕 안녕 안녕 선생님, 안녕 안녕 안녕 친구들, 오늘 다시 만나 반갑습니다	아이와 선생님이 만날 때 아이들에게 불러주면 아이들이 선생님 앞으로 모일 수 있게 된다. 이 노래를 부르면 아이들이 자연스럽게 하원 시간을 알 수 있고 친구들과 헤어지는 인사를 나누며 부르기 좋다.
친구야 나는 너를 사랑해 (원곡: Robert Sherman, Richard Sherman의 It's a small world)	같은 가사가 반복되어 아이들이 외우고 부르기에 좋고, 마지막 부분에서 자연스럽게 안아주는 스킨십을 해줄 수 있고 공동체에서 친구 사이에 긍정적 관계의 인식을 심어줄 수 있다.

아이와 노래하기

동작과 함께하면 좋은 노래

추천곡

머리 어깨 무릎 발
(작자미상/외국곡)

김계영

Itsy Bitsy Spider
(작자미상/외국곡)

김수경

우리 모두 다 같이
(라트비아 민요)

고경은

리듬 악기 노래
(이계석/이계석)

박수화

숲 속의 아침
(김성균/김성균)

송영주

사과 같은 내 얼굴
(김방옥/외국곡)

닮은 곳이 있대요
(김성균/김성균)

둥글게 둥글게
(이수인/이수인)

포인트 가사	추천 이유
머리 어깨 무릎 발 무릎 발	가사가 단순하고 반복되는 익히기 쉬운 신체 부위 명칭으로 아이가 말을 못하던 시절에도 이 노래만 나오면 신이 나서 신체 부위를 짚어가며 율동을 재미있게 따라 했던 동요이다. 신체 부위 명칭도 익힐 수 있고 가사 속의 단어를 듣고 빠르게 반응을 하는 연습을 하는데 많은 도움이 되었다.
The Itsy Bitsy Spider went up the water spout.	자연에서 친숙하게 볼 수 있는 거미의 여정을 재미있고 리드미컬하게 표현한 동요로 양손의 엄지와 검지를 번갈아 맞대며 거미의 동작을 따라하며 눈과 손의 협응력을 기를 수 있다. 뿐만 아니라 동요 속에 포함된 물의 순환도 자연스럽게 배울 수 있다.
우리 모두 다 같이 손뼉을/발 굴러	간결한 가사와 흥겨운 리듬의 곡이라 아이가 쉽게 익히고 따라할 수 있다. 또한 가사에 맞추어 손뼉을 치고 발을 구르는 등 몸 동작을 함께할 수 있어서 더욱 즐겁게 활용할 수 있는 곡이다. 손뼉치기나 발 구르기 대신 다양한 동작으로 바꾸어 더욱 풍성하게 노래를 즐길 수 있다.
둥둥둥, 동동동, 짝짝짝, 찰찰찰, 칭칭칭, 쿵따리 쿵쿵쿵	다양한 악기의 소리를 의성어로 표현한 노래로 아이와 함께 노래를 들으며 실제로 악기를 연주해 볼 수 있다. 또한, 율동과 함께 즐거운 활동을 이끌어 낼 수 있는 곡이다.
토닥토닥토닥토닥 콩콩콩, 첨벙첨벙첨벙첨벙 쭉, 뒹굴뒹굴뒹굴뒹굴 콩콩콩	아이가 산책을 갈 때 이 동요를 부르며 준비운동을 한다. 아이가 숲에 와서 만날 수 있는 동물들을 생각하면서 부르고, 가사에 맞춰서 춤을 추며 숲 활동에 대한 흥미를 높이기 때문에 추천한다.
눈도 반짝, 코도 반짝, 입도 반짝 반짝	거울을 보면서 부르기 좋은 노래이다. 아이가 자신의 눈, 코, 입을 모르는 시기에는 거울을 보면서 신체에 대한 인식을 할 수 있고 신체를 인지한 아이와 상호작용하며 자연스럽게 스킨십을 하며 애착을 형성할 수 있는 곡이다.
눈 땡, 코 땡, 입 딩동댕	손가락으로 가사에 맞춰서 눈, 코, 입 등을 포인팅하며 자연스럽게 신체에 대한 인식을 도울 수 있다. 함께 '땡', '딩동댕'에 손동작을 하면서 더욱 즐겁게 노래를 부를 수 있다.
둥글게 둥글게 둥글게 둥글게 둥글게	단순하게 반복되는 가사라서 쉽게 따라 부를 수 있다. 손을 잡고 둥글게 도는 율동과 함께 대근육 발달을 도울 수 있는 곡이다. 리듬에 맞춰 손뼉을 치는 부분을 강조하면 아이와 더욱 흥미롭게 부를 수 있다.

아이와 노래하기

계절을
느낄 수 있는 노래

추천곡

나비야
(미상/독일 민요)

봄 나들이
(윤석중/권태오)

봄이 왔어요

여름냇가
(황금녀/박재훈)

얼음과자
(박경종/정혜옥)

수박 파티
(김영광/오상철)

고기잡이
(윤극영/윤극영)

멋쟁이 토마토
(김영광/김영광)

포인트 가사	추천 이유
나비야 나비야 이리날아오너라	쉬운 가사와 부르기 좋은 음률로 아이들에게 쉽게 불러주기 좋다. 노랑나비, 흰나비, 봄바람 등 따뜻함과 다양한 색감을 표현하는 단어로 봄날에 나들이 갔을 때 부르기 좋다. 나비가 날아가는 동작을 함께 하면 더욱 더 풍성하게 노래를 즐길 수 있다.
나리 나리 개나리 입에 따다 물고요	어린 아이들이 따라하기 쉬운 단어들로 구성되어있고 단순한 음으로 구성되어 있어서 천천히 불러주면서 아이가 함께 노래부르기를 유도할 수 있다. 반복 되는 음절을 강조해서 불러주면 쉽게 아이들도 따라부를 수 있다.
봄 봄이 왔어요 봄 봄이 왔어요 모두 일어나세요	밝고 경쾌한 선율과 '살랑살랑', '노랑 노랑' 등 봄을 알리는 단어들이 잘 어울린다. '모두 일어나세요.' 가사에 맞춰서 일어나는 율동을 하며 아이와 교감을 나누는 기회를 마련할 수 있다.
시냇물을 졸졸졸졸, 버들가지 한들한들 꾀꼬리는 꾀꼴꾀꼴	물가에 사는 동식물을 노래를 통해 자연스럽게 알 수 있고 반복되는 의성어, 의태어로 리듬감 있게 아이들이 흥미롭고 쉽게 노래를 부를 수 있다.
어 어 얼음과자 맛이 있다고	더운 여름에 아이가 아이스크림을 먹을 때 불러주기 좋다. 감정을 풍부하게 실어서 부르며 찬 것을 많이 먹으면 배가 아프고 병원에 간다는 것을 즐거운 노래로 자연스럽게 아이에게 제한을 설정 할 수 있다.
쭉쭉 쭉쭉쭉 쓱쓱 쓱쓱쓱 싹싹 싹싹싹 쭉쭉 쑥쑥싹	수박을 먹으며 온가족이 재밌게 노래 부르기 좋다. 리듬에 맞춰서 율동을 함께 하면 더욱 풍성한 시간을 보낼 수 있다. 특히 수박을 통통통 치는 동작에서 아이가 할 수 있도록 유도하고 함께 하모니카 부는 동작을 하면서 다양하게 대근육 발달을 도울 수 있다.
고기를 잡으러 바다로 갈까나 고기를 잡으러 강으로 갈까나	고기를 잡으러 가는 가사에 아이 이름을 넣어서 잡기 놀이로 활용해도 좋고 박자에 맞춰서 발을 구르는 동작을 넣어서 흥미롭게 아이와 춤을 추며 부르기 좋다.
멋쟁이 토마토 뽐내는 토마토	노래를 부르며 상큼한 토마토를 아이가 자연스럽게 떠올릴 수 있는 가사로 주인공 '토마토' 단어가 반복되면서 리듬감 있게 노래를 부를 수 있다. 토마토로 만든 빨간 케첩, 주스 등 아이와 함께 먹기 전에 불러주면 즐거운 식사시간을 보낼 수 있다.

아이와 노래하기

계절을
느낄 수 있는 노래

추천곡

코스모스
(김성균/김성균)

눈
(작자미상/박재훈)

겨울바람
(백순진/백순진)

꼬마 눈사람
(강소천/한용희)

포인트 가사	추천 이유
빨개졌대요 빨개졌대요 길가에 코스모스 얼굴	'빠' 발음이 반복되면서 청각적 자극을 줄 수 있으며 가을에 코스모스 꽃을 발견하면 부르기 좋은 노래이다. 빨개졌대요 가사 다음 "뿅!" 단어를 추가해서 아이와 리듬감 있게 반복해서 부를 수 있다.
펄 펄 눈이 옵니다 하늘에서 눈이 옵니다	눈이 내릴 때 자연스럽게 부르기 좋다. 눈이 내리는 모습을 묘사한 가사로 '펄펄', '송이 송이' 등 아이가 흥미롭게 따라 부르기 좋고 손가락으로 눈이 내리는 것을 표현하며 부를 수 있다.
손이 시려워 꽁, 발이 시려워 꽁 / 손이 꽁꽁꽁 발이 꽁꽁꽁	'꽁'이 반복되면서 리듬감 있게 쉽게 따라 부를 수 있고, 박자에 맞춰 폴짝 뛰는 동작을 함께하면 좋다. 추운 겨울 날씨에 몸을 움직이면서 잠시라도 추위를 잊고 아이와 신나게 겨울을 즐길 수 있는 노래이다.
눈썹이 우습구나 코도 삐뚤고 거울을 보여줄까 꼬마 눈사람	노래 속에 나오는 신체 명칭을 아이가 자연스럽게 자신의 눈, 코 입을 가리키며 흥미롭게 부를 수 있다. 겨울에 눈사람을 만들면서 부르면서 신체에 대한 이해도를 높일 수 있다.

추천곡
___

산토끼
(이일래/이일래)
___

작은 동물원
(김성균/김성균)
___

싹트네
(작자미상)
___

아빠 힘내세요
(권연순/한수성)
___

뽀뽀뽀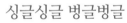
(이재휘/이재휘)
___

싱글싱글 벙글벙글
(오상철/오상철)
___

아이와 노래하기

동물과 친해질 수 있는 노래
마음을 느낄 수 있는 노래

포인트 가사	추천 이유
산토끼 토끼야 어디를 가느냐	손으로 토끼 귀를 표현하고 뛰는 동작으로 대근육을 쓰며 부르기 좋은 노래로 율동과 함께 신나게 부를 수 있는 곡이다. 단순하게 반복되는 음률로 아이가 쉽게 따라하기 좋은 곡이다.
삐약삐약, 음매음매, 따당따당, 뒤뚱뒤뚱, 푸우, 집게집게, 푸르르르	의성어, 의태어가 반복되어 청각적 자극을 통해 언어발달에 도움이 되고 동물을 묘사하는 움직임을 통해 등장하는 동물들을 상상하며 흥미롭게 부를 수 있는 곡이다.
싹트네 싹터요 내 마음에 사랑이 싹트네 싹터요 내 마음에 사랑이	'싹'이라는 단어가 반복되면서 귀에 쏙쏙 들리며 흥미롭게 따라 부를 수 있다. 손동작으로 싹과 하트를 표현하며 애착 형성을 하기 좋은 곡이다.
아빠 힘내세요 우리가 있잖아요	엄마, 아빠 등 가족에 대한 개념이 생기는 시기에 율동과 함께 부르며 가족에 대한 사랑과 애정을 표현할 수 있는 곡이다.
뽀뽀뽀 뽀뽀뽀 뽀뽀뽀 친구	단순하게 반복되는 가사가 따라부르기 좋고 리듬과 가사에 맞춰 뽀뽀하거나 안아주는 스킨십을 하며 사랑을 표현하기 좋은 곡이다.
싱글싱글싱글싱글 벙글벙글벙글벙글	웃는 모습을 묘사한 가사로 아이가 친구를 만났을 때 자연스럽게 인사 나누고 손을 잡거나 간지럼을 태우며 흥미롭게 상호작용 할 수 있다. 신체로 의사소통하는 방법을 익힐 수 있다.

영유아 몬테소리 미술 환경의
창의적 표현 원리

Art at
Montessori
Home

글 김혜미, 박성희, 박은미, 송영주

엄마가 아이와 함께하는 놀이에는 미술활동을 빼놓을 수 없을 것이다. 어렸을 때부터 다양한 감각 및 예술경험, 또는 소근육 발달 등을 제공할 수 있기 때문이다. 이를 위해 문화센터나 미술학원에 다닌다. 창의력에 도움이 될 것이라고 생각하는 준비물을 구입하기도 한다. 하지만 대부분의 미술활동들은 어른의 주도하에 이루어지거나 아이는 한 번의 완성품을 만드는 것으로 그치는 경우가 많다. 그것이 아니라면 지나치게 큰 퍼포먼스나 놀이 중심의 활동이 되어 본질을 잃는 경우도 종종 있다. 그렇다면 어떻게 해야 0~3세 어린 연령의 아이들에게 올바른 미술 활동을 실현시킬 수 있을까? 몬테소리 교육에서는 다음과 같이 강조한다.

"미술(Art)을 선물하기 위해 우리는 보는 눈을 만들어야 하고,
순종하는 손, 느끼는 영혼을 만들어야 한다. 이 과업을 위해 전 생애가 협력해야 한다.
이런 의미에서 인생 자체가 미술을 그리기 위한 유일한 준비가 되어야 한다.
일단 우리가 이와 같은 방법으로 살아온다면 상상의 내면의 영감이 나머지를 실행한다."
Maria Montessori, The Advanced Montessori Method

보는 눈, 순종하는 손, 느끼는 영혼의 의미는 무엇일까? 0-3세 아이들은 흡수정신으로 환경을 그대로 흡수한다. 또한 이 시기의 아이들은 예민한 감수성의 시기로 미세한 부분도 놓치지 않고 관찰한다. 그러므로 아름다운 환경에 놓여 있는 것만으로도 미적 감각을 키울 수 있다. 몬테소리 교육에서 말하는 아름다움이란 질서 있고 자연 친화적인 정돈된 환경에서 나오는 절제된 아름다움을 말한다. 몬테소리 환경에서 생활하는 아이들은 이렇듯 질서 있고 심미적인 환경을 통해 보는 눈과 느끼는 영혼이 발달될 수 있다. 그리고 자신의 신체를 자신이 원하는 방향으로 마음대로 움직일 수 있도록 연령에 맞게 적절한 환경을 만들어주고 충분한 연습 기간과 기회를 제공하여 순종하는 손을 발달시킬 수 있다.

로웬펠트의 미술 표현의 발달 단계

오스트리아의 미술 교육자인 빅토르 로웬펠트(Victor Lowenfeld, 1903-1960)는 아이가 성장함에 따라 아이의 미술 표현도 단계적으로 성장하고 발달한다고 하였다. 그 안에서 적절한 주제와 다양한 재료 제시를 통한 동기부여를 중요하게 다루며 미술 교육의 주체를 어른에서 아이로 전환시켰다는 점에서 몬테소리 미술 교육과 유사한 관점을 보인다. 로웬펠트는 2-16세까지를 6단계로 나누어 미술 표현의 성장을 설명하였다.

1단계는 난화기(Scribble stage, 2-4세)로 끄적거리기 시기이다. 끄적거리기는 타인의 격려나 지시와 상관없는 일종의 자동 학습으로, 손동작의 움직임 자체가 아이로 하여금 흥미를 느끼게 한다. 그리고 자신의 손동작에 따른 결과물이 시각적으로 확인되면서, 그 경험이 아이의 손과 시각과 두뇌에 저장이 되고 이것이 다시 자극이 되어 동기부여가 되는 것이다. 그 속에서 아이는 반복하고 싶은 욕구와 성취감을 느낄 수 있다.

이 책에서 다루고자 하는 0-3세 아이의 미술 발달 단계가 이 시기에 해당되는데, 끄적거리기의 변화를 개월 수에 따라 구체적으로 살펴보면 다음과 같다.

2-2.5세 아이들은 손과 손목이 자기가 원하는 대로 조절이 되지 않기 때문에 의도한 대로 끄적거리지 못한다. 무의식적으로 방향 감각 없이 끄적거리며 움직이는 동작 자체에 즐거움을 느낀다. 마치 운동과 같은 것이다.

2.5~3.5세쯤 되면 손과 손목의 조절이 가능해지면서 자신이 원하는 대로 팔을 움직이며 일정한 선이 나타나게 되고, 수직선과 수평선, 원 등을 반복하여 끄적거리게 된다.

3.5~4세가 되면 끄적거리는 수준은 비슷하지만, 자신이 끄적거린 무언가에 이름을 붙이는 것을 좋아한다. 이것은 아이의 사고가 발달했다는 것을 보여준다.

2단계는 전도식기(Preschematice stage, 3-6세) 시기이다. 도식이란, 아이의 머릿속에 그려진 이미지를 의미하는데, 3-6세는 아직 그 도식이 생기기 전 단계인 것이다. 그래서 이 시기의 아이들은 자기가 본 대상을 사실적으로 표현하기보다는 느끼는 대로 표현한다. 자기중심적 사고를 바탕으로 실제와 다른 상상 속의 그림을 많이 묘사한다.

3단계는 도식기(Schematic stage, 6-8세)로, 어떠한 대상에 대한 이미지를 가지고 있기 때문에, 반복적으로 동일하게 그려낸다. 이 시기 아이들은 자신이 중요하다고 생각되는 것은 과장되게, 그리고 아닌 것은 축소하여 그리는 경향이 있다.

4단계는 또래 집단기(The Gang age, 8-12세)의 시기로 또래 집단의 영향력이 아주 강해지는 시기이다. 사물을 사실적이고 객관적으로 관찰하면서 표현력이 좋아진다. 세부적인 묘사, 구체적인 묘사를 할 수 있다.

5단계는 의사실기(The pseudo-naturalistic stage, 12-14세) 시기이다. pseudo-naturalistic는 모방, 허위라는 의미로 사실을 모방하는 단계, 사실적으로 표현하려고 노력하는 단계이다. 공간 지각의 발달로 3차원적 표현법, 원근법을 적용하는 그림을 그릴 수 있다.

마지막 6단계는 결정기 혹은 사춘기(Adolescence stage, 14-16세)로 주변 환경에 관심을 두고 창조적으로 자기 주관을 갖고 표현할 수 있게 된다.

영유아 몬테소리 미술 환경의 창의적 표현 원리

첫째, 결과보다는 과정을 중요시한다.

0-3세 시기 아이에게 적절한 미술활동을 제공하기 위하여 몬테소리 환경에서는 결과물에 중심을 두지 않는다. 표현하는 그 과정을 즐길 수 있도록 한다. 미술 활동은 미술 도구를 탐색하는 활동을 단계별로 알려주고 준비된 환경 속에서 아이가 자유롭게 미술 활동을 할 수 있도록 존중한다. 예를 들어 몬테소리 교실에서는 크레용으로 끄적거리기, 분필로 끄적거리기, 물감으로 그리기, 점토 놀이 등이 있다. 크레용이나 물감으로 끄적거리는 활동은 결과물이 남기 때문에 따로 보관을 한다. 그러나 작품을 전시해서 서로 비교하거나 평가하지는 않는다. 다만 발달 과정에 따라 표현하는 방법이 달라지는 것을 확인하기 위해 보관한다. 분필 그림이나 점토는 항상 그대로 교실에 준비되어 있다. 점토 또한 만들어서 가져가는 것이 아니라 작업 후 다시 돌려놓는다. 작업의 과정과 경험을 중시하기 때문에 지속적으로 반복 연습하도록 배려한다.

둘째, 미술을 자기표현의 수단으로 생각한다.

미술은 아이들의 창조적 사고를 표현하기 위한 도구이다. 아이들은 자신의 느낌과 감정을 표현하는 도구로 미술 활동을 선택할 수 있다. 어른은 아이들 내면의 표현 욕구와 의사소통 하려는 경향성에 따라 미술 활동이 이루어질 수 있도록 지켜봐 주고 기다리면서 최소한의 도움만을 제공해야 한다.

셋째, 언제든지 원하는 순간에 미술활동을 할 수 있다.

몬테소리 교실에서는 미술 시간이 따로 없다. 특별한 시간을 정해두고 미술 활동을 하지 않는다. 언제든지 아이가 하고 싶은 마음이 들 때 할 수 있도록 환경 속에 준비해 둔다. 아이 자신이 언제든 미술 활동을 하고 싶을 때 할 수 있도록 자율적인 환경을 준비한다. 스스로 작업할 수 있는 환경에 놓인 아이들은 자연스럽게 창의력이 발현될 수 있다. 아이들은 걸음마시기가 지나면서 팔의 힘이 생기고 이때 크레용 혹은 분필로 무언가를 끄적거리고 싶어 한다. 끄적거림은 아이들의 자동학습 기술이 필요하다. 어른들의 격려나 지지 없이도 스스로 낙서를 하고 싶을 때, 마음껏 끄적거릴 수 있다면 그 움직임 자체가 아이에게 즐거움을 준다. 그것이 충족이 되어야 자신이 끄

적거린 흔적을 보고 만족하고 거기서 또다시 끄적거리고 싶다는 욕구가 생긴다. 이런 반복을 통해 만족감과 기쁨을 아이 스스로 느끼게 된다. 선천적이고 자연스러운 동기부여는 아이에게 절대로 강제로 주어 질 수 없다. 아이 자신의 내적 동기에 의해 선택되어야 한다. 창조하려는 욕구, 만들어내려는 욕구는 아이 안에서 일어나는 것이다. 그래서 엄마가 어떻게 그리라고 지시하거나 밑그림이 그려진 종이를 내밀면 아이는 그 그림을 보고 자기는 그렇게 못 그리기 때문에 심리적으로 위축될 수밖에 없다. 잘 그려야 한다는 압박감으로 인해 아이는 점점 어른들의 요구와 지시에 맞춰지게 되고 점차 그림에 대한 평가를 받으면서 아이 스스로 그리고 싶은 내적 동기는 사라 진다. 어른의 취향에 맞는 형태의 그림을 계속 강요하게 된다면, 아이의 즐거움과 만족감은 사라 지고 자동학습은 결코 이뤄질 수 없다.

가정에서 몬테소리 미술활동을 위한 환경 마련하기

그렇다면, 아이에게 미술을 선물하기 위해 보는 눈, 순종하는 손, 느끼는 영혼으로 성장할 수 있도록 어떤 환경을 만들어야 할까?

우선, 가정환경에 아름다운 그림과 사진을 전시한다.

아무리 어린아이라고 해도 아름다움을 감상할 수 있는 영혼을 가질 수 있다. 예민한 감수성을 가진 시기의 아이들의 예술적 감각을 키우기 위해 자연물을 가까이 두고 실내를 아름답고 따뜻하게 정돈하며 두는 것이다. 뛰어난 관찰력을 가진 아이는 환경을 그대로 받아들인다. 자연 소재와 현실감이 느껴지는 사진 또는 명화를 적절하게 환경에 비치하고 이것을 소재로 이야기를 나누거나 감상을 하도록 이끌어 준다. 자신을 둘러싼 환경에서 관찰한 아름다움은 아이들에게 자기표현의 동기부여가 될 것이다.

더불어, 언제든지 다양한 소재로 자유롭게 창의적인 활동을 하도록 재료를 모아둔다.

가정에서 아이들이 언제든지 미술 활동을 하고 싶으면 자유롭게, 스스로 할 수 있도록 아이들이 접근할 수 있는 곳에 재료들을 모아둔다. 우유갑, 휴지 심, 요구르트 병 등의 생활 속에서 밀접하게 얻을 수 있는 재활용품이나 도토리, 솔방울, 나뭇잎 등의 자연물들 혹은 엄마와 요리하다가 남은 야채 조각도 미술 활동의 좋은 재료로 활용할 수 있다. 스스로 떼었다 붙였다 할 수 있는 아이들이 좋아하는 스티커, 테이프, 크레용, 물감, 사인펜과 같은 다양한 필기도구와 색종이, 도화지, 이면지, 신문지, 마분지 등의 종이도 준비한다. 철사, 노끈, 실 등 자투리 재료들로 붙이고 떼고 그리고 만들지만 작업이 끝나면 항상 제자리에 정리 정돈해야 함을 알려준다. 어릴 때부터 작업할 때 필요한 재료를 스스로 준비하고 활동하고 마무리하면서 일상생활 작업의 논리적 순서를 배울 수 있다. 상업화된 색칠 공책과 같은 틀에 박힌 활동보다는 표현하고 싶을 때 언제든지 다양한 방법으로 마음껏 자신을 표현할 수 있는 활동을 통해서 아이들의 순수한 자기 표현력과 창의력, 자신감 등이 발달할 수 있다.

이와 더불어 미리 경험한 엄마들과 교사들의 미술 활동에 대한 경험과 노하우가 제시된 많은 찍기, 만들기, 그리기, 붙이기 등의 활동을 활용한다면 아이에게 최상의 미술 환경을 제시할 수 있을 것이라 믿는다.

보고 느끼고 표현할 수 있다는 것은
축복이고 즐거움이다

글 정정엽
서양화가

보고 느끼고 표현할 수 있다는 것은 인간의 축복이고 즐거움이다.

눈에 보이는 모든 것이 미술이다. 눈을 뜨면 보이는 모든 이미지들은 이미 우리 몸에 미술의 표현 가능성을 열어준다. 자동 기술적 움직임에서 의도대로의 표현, 보이거나 보이지 않는 것, 마음의 갈등과 평화 등 미술 안에서는 모든 것이 가능하다. 예술 안에서 평화로운 충돌의 경험은 인간의 소통에도 큰 도움이 된다. 특히 현대미술은 손이 훈련되지 않아도 도구나 영상 등 표현영역의 확대로 누구나 가능하고 상상력을 증대시킨다. 어린 시절 느끼고 표현했던 상상력은 삶의 모든 영역에서 자유로운 발상으로 확장되어 삶의 가능성을 확대시킨다.

이러한 관점에서 몬테소리 미술 교육에서 정의하는 '순종하는 손'이라는 의미는 운동성의 자유로움과 도구의 경험이 마음과 몸의 연결, 자연스러움과 훈련의 감각을 몸에 익힌다는 뜻이다. 몬테소리교육의 다양한 재료와 기법의 사용은 사물의 질감을 느끼고 체화시켜 감각을 증대시키고 도구와 나와의 간극을 경험하게 한다. 몸과 도구로 표현하는 운동성은 머리와 몸의 긴장을 이완시켜 자신감을 증대시킨다. 그 과정에서의 집중력은 정적인 것과 동적인 것이 조화를 이루는 평정심의 훈련에도 도움이 된다.

'느끼는 영혼'은 감상과 마음의 소리에 반응한다는 의미이다. 영아기 때만이 아니라 자동 기술적 손의 움직임은 내 몸의 소리에 귀 기울이며 스트레스를 잊게 한다. 영유아기 때부터 스스로 표현해본 영역은 이후 예술 감상의 친밀감, 상상과 표현의 자유로움에 큰 영향을 준다. 무엇보다 내면의 움직임을 표현해보고 그것을 언어로 소통한다는 것은 세상과의 대화에 문을 하나 만드는 것이다.

다양한 문구 외에도 자연물, 일상 용품 등 모든 것이 미술재료가 되고 생활 속에서 미술을 만나고 손뿐만이 아니라 온몸을 사용하는 경험 등 몬테소리가 추구하는 삶의 모든 영역과 만나는 지점이다. 그러나 돌아서면 발달시기가 지나가고 다양한 준비물과 안전한 방식을 순간순간 준비하기란 결코 쉽지 않다. 하지만 아이들의 발달 순간은 지나가면 돌아오지 않는다. 아이들이 체험하는 미술의 다채로운 경험을 함께 느끼고 아이들의 반응을 발견하는 기쁨을 누리길 기대한다. 눈을 뜨면 펼쳐지는 이미지의 세상에 함께 유영하며 표현 방법을 체화해 나가는 것은 삶을 풍요롭게 한다.

0~3세 시기 그 중요한 시기를 인식하는 엄마들이 모여 아이와 함께 작업하고 아이와 함께 보고 느끼고 즐기는 미술을 접하게 되어 참으로 반갑고 기쁘다. 이렇게 아이들이 미술과 함께 성장하길 기대해 본다.

가정에서의 미술 활동
찍기

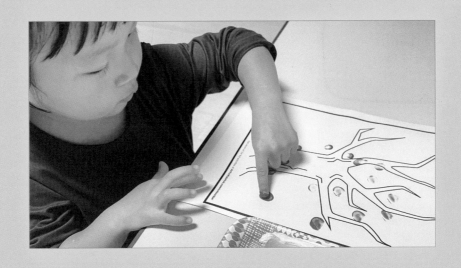

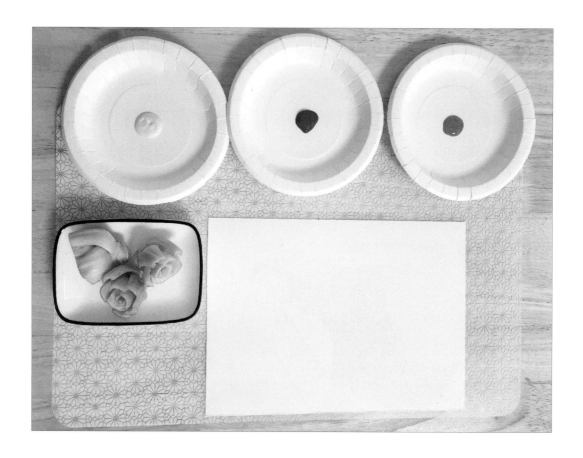

알록달록
청경채
장미꽃

글 추교진

<u>제공나이</u>	14개월 이상
<u>준비물</u>	청경채 밑동
	물감
	접시(또는 팔레트)
	도화지
	매트
	앞치마

초대

"오늘은 엄마랑 청경채 물감 찍기를 해 볼 거예요."
준비물을 운반하고 앞치마를 입는다.

1) 준비된 미술 재료와 도구의 이름을 알려준다. 종이 뒤에 이름 쓴다.

"이것은 청경채 밑동이에요. 한 번 만져보세요." 아이가 청경채 밑동을 천천히 만져보고 탐색한 뒤 제자리에 두도록 안내한다.

"물감을 찍기 전에 종이 뒤에 이름과 날짜를 적어 둘게요."

2) 작업하는 것을 직접 보여준다.

"엄마가 먼저 청경채 밑동에 물감을 묻혀서 종이에 찍어 볼게요. 잘 보세요." 물감을 짜 놓은 팔레트에 청경채 밑동을 가지고 가서 꾹 누른 뒤, 종이 위로 가져와 물감 찍는 것을 보여준다. "와! 예쁜 꽃처럼 생겼다!"

3) 아이에게 권한다.

"이제 ○○이 차례예요! 물감을 찍어보세요!"

"또 해보기로 해요."

정리

그만하고 싶다고 하면 작품을 보관하고 준비물들을 제자리에 갖다 놓는다.

목적
정서 발달과 표현력을 길러준다.
눈과 손의 협응력, 대, 소근육 발달을 돕는다.
기능적 독립심, 집중력을 길러준다.

흥미점
청경채 밑동에 물감을 묻히는 것
청경채 밑동이 꽃모양처럼 도화지에 물감 찍히는 것을 관찰하는 것
도화지 안에서만 물감을 묻힌 청경채 밑동을 찍는 것

주의점
물감은 처음엔 한 가지 색을 제공하고 이후 2~3가지 색을 제공할 수 있다.
청경채 밑동은 제공할 물감 색의 개수에 맞게 준비한다.
여분의 종이는 작업 공간 근처에 별도로 두어 한 장씩 가져와 사용한다.

동글동글
마카
스텐실

글 안진희

<u>제공나이</u>	16개월 이상
<u>준비물</u>	나뭇가지, 잎사귀, 꽃잎 등과 같은 환경의 자연물 A4 사이즈의 종이와 도트 마카 1가지 색상 바구니 또는 트레이 2개 (자연물과 마카 보관용) 쟁반 (모든 것을 담을 용도)

초대

"오늘은 엄마랑 도트 마카 찍기를 해 볼 거예요."
준비물을 운반하고 앞치마를 입는다.

1) 준비된 미술 재료와 도구의 이름을 알려준다.

종이 뒤에 이름 쓴다.

"여기 아까 바깥 놀이를 하면서 가져온 것들이 있네요? 먼저 쟁반에 뭐가 있는지 알아보도록 해요. 이것은 나뭇잎이에요, 나뭇잎."

사용할 미술 도구들을 탐색하며 이름을 알아본다. 먼저 종이를 가리킨다. "이것은 종이에요. 여기에 마카로 점을 찍을 거예요."

도트 마카를 살펴본다. "이것은 도트 마카에요. 빨간색 도트 마카. 종이에 점을 찍어서 그림을 그리는 거예요."

2) 작업하는 것을 직접 보여준다.

"먼저 엄마가 마카로 어떻게 점을 찍는지 보여 줄게요." 마카의 뚜껑을 천천히 열고, 종이 위에 올린 뒤, 가볍게 눌러 점을 찍는다.

"와! 여기 빨간 점이 생겼네요?" 마카로 2번 정도 점을 더 찍고, 뚜껑을 닫는다.

목적

도트 마카 사용법을 배운다.
눈과 손의 협응력, 대 근육, 소 근육의 발달을 돕는다.
감각 탐색을 위한 기회를 제공한다.

흥미점

도트 마카로 점을 찍는 것
물체의 주변을 따라 점을 찍어 보는 것
종이 위에 물체를 치웠을 때 물체 모양 주변으로 점이 찍힌 그림을 보는 것

주의점

무해한 성분의 재료를 사용한 마카를 선택한다.
처음에는 한 가지 색깔을 제공하고 일주일에 한번씩 색깔을 바꾼다.
마카는 종이 위에서 하는 것, 사용 후 뚜껑을 닫는 것을 알려 준다.

3) 아이에게 권한다.

"이제 ○○이 차례에요." 아이가 종이에 마카로 점을 찍는다.

아이가 2~3번 점을 찍으면 뚜껑을 닫고 내려 놓도록 권한다.

"이제 아까 가져온 잎사귀 주변으로 점을 찍어 볼게요. 잘 보세요!"

바구니에서 잎사귀 하나를 골라 종이 위에 놓는다.

마카로 잎사귀 주변을 따라 점을 찍는다.

잎사귀를 치우고 살펴본다. "어떤 그림이 그려졌는지 볼까요? 와! 잎사귀 모양으로 점이 찍혔네요."

아이가 원하는 만큼 반복한다.

정리

그만하고 싶다고 하면 작품을 보관하고 준비물들을 제자리에 갖다 놓는다.

손끝
나뭇잎이
활짝

글 최영은

<u>제공나이</u>	14개월 이상
<u>준비물</u>	물감
	접시(또는 팔레트)
	도화지
	매트
	앞치마

초대

"오늘은 엄마랑 손가락 찍기를 해 볼 거예요."
준비물을 운반하고 앞치마를 입는다.

활동

1) 준비된 미술 재료와 도구의 이름을 알려준다.

종이 뒤에 이름 쓴다.

"이것은 종이예요. 종이위에 나뭇가지가 그려져 있어요." 아이도 만져본다.

6가지 물감이 담긴 계란 용기를 꺼낸다. 계란 용기를 들고 색을 살펴본다.

"이것은 물감이에요. 물감." 아이도 살펴보고 책상에 내려놓는다.

젖은 손수건을 꺼낸 다음, 계란 용기 옆에 놓는다.

"이것은 손수건이에요. 손수건. 물에 젖어 있어요.' 아이도 만져본다.

2) 작업하는 것을 직접 보여준다.

"엄마가 먼저 나무를 꾸며 볼게요." 검지에 물감을 묻히고 나무가지가 그려진 종이 위에 천천히 꾹꾹 눌러 찍어본다. 손가락에 묻은 물감을 지운다. "손가락에 물감이 묻었어요. 지워 볼게요." 젖은 손수건에 손가락을 천천히 쓸어내리며 물감을 지운다.

"다른 색 물감을 쓰기 위해서는 이렇게 물감을 지워야 해요." 아이에게 손가락을 보여준다. "물감이 지워졌지요?"

3) 아이에게 권한다.

"이제 ○○이 차례예요. 엄마처럼 해보세요."

여러가지 색으로 나무를 꾸며본 다음, 아이가 마무리하는 느낌이 들면 반복을 권한다.

"또 해보고 싶나요?" 아이가 하고 싶은 만큼 반복하도록 한다.

정리

그만하고 싶다고 하면 작품을 보관하고 준비물들을 제자리에 갖다 놓는다.

목적
다양한 색상의 물감을 조화롭게 사용하는 법을 배운다.
자연에서 관찰한 색상을 표현할 수 있도록 한다.
표현력을 길러준다.

흥미점
손가락에 물감을 찍는 것
손가락에 묻은 물감을 손수건에 닦아 내는 것

주의점
아이의 손에 닿아도 해롭지 않은 물감을 준비한다.
처음에는 한두가지 색깔을 제공하고 익숙해지면 최대 6가지 색상을 준비할 수 있다.
물감은 1회용으로 사용할 수 있도록 소량만 미리 덜어 놓는다.

콩 콩 콩
면봉 그림

글 한원정

<u>제공나이</u>　20개월 이상

<u>준비물</u>　2가지 색의 물감과 물감 통
　　　　　A5 크기의 모양 종이
　　　　　면봉, 면봉 꽂이
　　　　　사용한 면봉을 담을 접시, 쟁반

초대

" 오늘은 엄마랑 면봉 그림을 해 볼 거예요."
준비물을 운반하고 앞치마를 입는다.

1) 준비된 미술 재료와 도구의 이름을 알려준다.

종이 뒤에 이름 쓴다.

"쟁반에 무엇이 있는지 알아보기로 해요." 쟁반에 있는 도구의 이름을 알려주고 아이가 탐색해 본다.

"여기 여러 가지 모양의 종이가 있어요. 한 장 골라 볼래요?"

"면봉으로 그림을 그리기 전에 먼저 모양종이에 날짜와 이름을 적을 거예요."

2) 작업하는 것을 직접 보여준다.

"엄마가 먼저 면봉으로 그림을 그려 볼게요."

새 면봉을 한 개 집어서 물감을 묻히고 모양 종이에 그림을 그린다.

동그라미, 직선, 점 찍기 하는 것을 보여준다.

3) 아이에게 권한다.

"이번에는 ○○이 차례예요." 아이가 그려 본다.

"또 해보기로 해요."

목적

면봉 그림을 그리면서 정서의 발달과 표현력을 기른다.
면봉을 물감에 찍고 그림을 그리면서 눈과 손의 협응력, 대 소근육 발달을 돕는다.
색의 이름과 도구의 이름을 알 수 있고, 언어 발달을 도와준다.

흥미점

두 가지의 색깔이 섞이면서 다른 색으로 변화되는 것을 보는 것
그릴 때 한 손으로 모양 종이가 움직이지 않게 누르는 것
종이에만 그림을 그리는 것

주의점

도형이나, 계절에 따라 다양한 모양 종이를 준비해 줄 수 있다.
일주일 간격으로 물감의 색을 교체해 준다.
물감의 양은 일 회분만 준비하고, 리필 할 수 있도록 3~4통의 여분을 준비해 둔다.

그만하고 싶다고 하면 작품을 보관하고 준비물들을 제자리에 갖다 놓는다.

"사용한 면봉은 쓰레기통에 버리도록 해요." 아이가 다 사용한 면봉을 쓰레기통에 버리고 쟁반을 정리한 후, 손을 씻는다.

보송보송
스펀지
스텐실

글 김계영

제공나이   16개월 이상

준비물   스텐실판 , 종이
           잉크패드, 스펀지도장 , 집게
           스펀지, 스펀지 접시
           쟁반, 매트, 앞치마

초대

"오늘은 엄마랑 스텐실을 해 볼거예요."
준비물을 운반하고 앞치마를 입는다.

1) 준비된 미술 재료와 도구의 이름을 알려준다.

종이 뒤에 이름 쓴다.

"이것은 스텐실 판이에요. 나비 모양이 있네요."
나머지 이름도 동일한 방법으로 소개한다.

2) 작업하는 것을 직접 보여준다.

"엄마가 스텐실을 해 볼게요. 잘 보세요."
종이 한 장을 스텐실 판 위에 겹쳐 놓고 집게로 함께
고정한다.
스펀지 도장을 들고, 잉크패드에 여러 번 천천히 꾹꾹
눌러 잉크가 잘 묻혀지도록 한다.
다 찍은 후 스텐실판과 종이를 분리해본다.
찍힌 모양을 관찰한다. "예쁜 나비가 나왔네요?"

3) 아이에게 권한다.

"이제 ○○이 차례예요!" "또 해보기로 해요."

목적
아이들의 정서 발달과 표현력을 길러준다.
작업의 논리적인 순서에 대한 이해력을 높인다.
감각 탐색을 위한 기회를 제공한다.

흥미점
스펀지 도장을 잉크패드에 찍어보는 것.
스텐실판과 종이가 일치되게 집게로 집어보는 것.
찍어진 그림을 관찰하는 것.

주의점
처음 제공할 경우, 스텐실판의 크기와 모양의 수를
제한하여 제공한다. 스텐실판을 1/3을 잘라서 사용할 수도 있다.
잉크패드가 쉽게 마를 수 있으므로 잉크가 잘 묻어나는지
수시로 체크가 필요하다.
아이가 집게를 사용할 힘이 부족할 때에는 엄마가 도움을 줄 수 있다.

그만하고 싶다고 하면 작품을 보관하고 정리하는 것
을 안내한다.

"스펀지로 스텐실 판을 깨끗이 닦아주도록 해요."
스펀지로 잉크가 묻은 부분을 원을 그리며 닦아준다.
"스펀지가 더러워졌지요? 깨끗이 빨아오도록 해요."

꾹꾹
도장
찍어요

글 김수경

제공나이	16개월 이상
준비물	두세 가지의 도장, 한 가지 색상의 잉크 가로, 세로 8~10cm 크기의 종이 매트나 종이가 깔려 있는 쟁반

초대

"오늘은 엄마랑 도장 찍기를 해 볼 거에요."
준비물을 운반하고 앞치마를 입는다.

1) 준비된 미술 재료와 도구의 이름을 알려준다.

종이 뒤에 이름 쓴다.

"이것은 도장이에요. 도장마다 다른 모양이 새겨져
있어요."

2) 작업하는 것을 직접 보여준다.

"엄마가 도장에 잉크를 묻혀 볼게요. 잘 보세요." 잉
크 뚜껑을 열고 도장에 잉크를 묻힌다.

"엄마는 나비 모양의 도장을 찍어 볼게요." 엄마가 엄
지, 검지, 중지를 이용해 연필을 잡듯 도장을 잡고 잉
크 위에 두고 누른다.

잉크가 묻은 도장을 관찰한다. "도장에 잉크가 묻었
지요?" 아이와 눈을 마주치며 이야기한다.

3) 아이에게 권한다.

"○○이가 해보세요." 아이가 자신의 종이를 꺼내 도
장 찍기 활동을 한다.

아이가 원하는 만큼 반복한다.

그만하고 싶다고 하면 작품을 보관하고 준비물들을
제자리에 갖다 놓는다.

목적
눈과 손의 협응력, 대·소근육을 발달시킨다.
감각 탐색을 위한 기회를 제공한다.
논리적인 순서 체계를 도와준다.

흥미점
다양한 모양의 도장을 발견하는 것
도장에 잉크가 묻어나는 것
도장에 새겨진 모양이 종이에 나타나는 것

주의점
도장은 2~3가지로 준비한다.
잉크색은 한 가지로 준비하되 다른 색으로 주기적으로 교체한다.
엄마는 연필 잡기로 도장을 잡지만 아이에게는 강요하지 않는다.

손바닥
나비가
훨훨

글 김은영

<u>제공나이</u>	18개월 이상
<u>준비물</u>	머리와 몸통 부분이 미리 그려진 종이 물에 잘 지워지는 물감 손바닥 보다 큰 접시 준비물이 들어갈 쟁반

초대

"오늘은 엄마랑 손바닥 찍기를 해볼 거예요."
준비물을 운반하고 앞치마를 입는다.

1) 준비된 미술 재료와 도구의 이름을 알려준다.

종이 뒤에 이름 쓴다.

"이것은 물감이에요. 물감." 아이도 물감을 만져 본다. 나머지(종이, 접시)도 동일하게 진행한다.

2) 작업하는 것을 직접 보여준다.

"엄마가 먼저 어떻게 하는 지 보여 줄게요. 잘 보세요."

물감을 선택해서 접시에 천천히 붓는다. 나비의 몸통과 머리 부분을 가운데 그려진 종이를 책상 위에 가져온다. 오른손을 접시에 찍어서 물감을 묻힌다.

3) 아이에게 권한다.

"○○이도 오른손에 물감을 묻혀 보세요." 아이가 물감을 손에 묻히고 있게 한다. 왼손도 동일한 순서로 진행한다.

"또 해보고 싶나요?" 아이가 하고 싶은 만큼 반복하도록 한다.

그만하고 싶다고 하면 작품을 보관하고 준비물들을 제자리에 갖다 놓는다.

목적
아이들의 정서 발달과 표현력을 길러준다.
손의 통제력과 조절력이 발달된다.
감각적 탐색을 위한 기회를 제공한다.

흥미점
손에 물감을 묻혔을 때 촉감을 느껴보는 것
손으로 종이에 찍어보는 것
아웃풋인 나비 모양을 보는 것

주의점
처음에는 한 가지 색깔을 제공하고 일주일에 한 번씩 색깔을 바꾼다.
최대 3가지 색깔을 제공한다.
종이에 나비의 중심점이 되게 머리와 몸통 부분을 미리 그려 둔다.

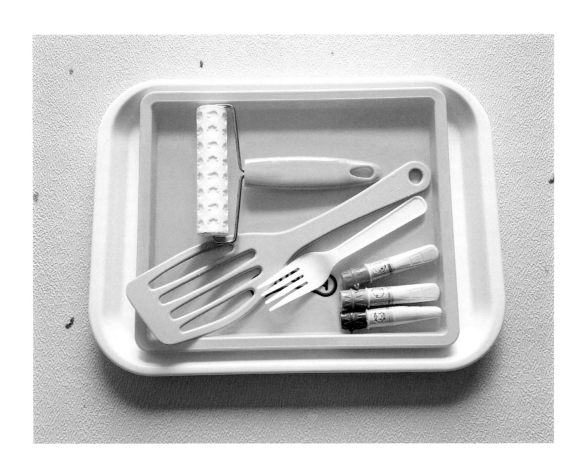

오늘은
내가
요리 미술사

글 김유리

<u>제공나이</u>	16개월 이상
<u>준비물</u>	종이(큰 사이즈 혹은 스케치북) 주방도구(포크, 매셔, 숟가락 등) 물감 2~3 색상 작은 접시(물감 담는 용도) 작은 수건, 앞치마, 쟁반

초대

"오늘은 엄마랑 주방 도구로 물감 찍기를 할 거예요."
준비물을 운반하고 앞치마를 입는다.

1) 준비된 미술 재료와 도구의 이름을 알려준다.

종이 뒤에 이름 쓴다.

"이것은 '매셔' 라고 해요." 도구를 하나씩 탐색하며
명칭을 알려준다.

2) 작업하는 것을 직접 보여준다.

엄마가 접시에 사용할 물감을 짜서 도구 하나를 들고
물감을 찍어 종이 위에 찍어 누른다.

3) 아이에게 권한다.

"이제 ○○이 차례예요. 먼저 하고 싶은 것을 골라서
엄마처럼 해보기로 해요."
"또 해보고 싶나요?" 아이가 하고 싶은 만큼 반복하
도록 한다.

정리

그만하고 싶다고 하면 작품을 보관하고 준비물들을
제자리에 갖다 놓는다.

목적
집중력 발달에 도움이 된다.
눈과 손의 협응력, 대 · 소근육의 발달을 돕는다.
시각, 촉각 등의 감각 탐색을 한다.

흥미점
다양한 주방 도구를 사용하는 것
물감 양을 조절하는 것
앞치마/작업복을 입는 것

주의점
스케치북은 책상 전체 사이즈에 맞게 준비한다.
최소 1~3가지 색을 제공한다.
주방 도구는 면적이 넓어서 물감이 잘 찍히는 것이어야 한다.

글 김혜미

두 돌 즈음 어느 봄날, 약병에 물감을 담고, 물티슈와 비닐봉지를 챙겨 단지 내 벤치에서 그림을 그렸다. 물감 묻은 손을 배에 쓰윽 닦던 아이 모습이 선하다. 초보 엄마는 다짐했다. '당황하지 말고, 괜찮은 척, 버린 옷은 앞으로 물감 놀이할 때 입히면 되지.' 이제 초등학생 된 아이는 추억한다. "나 아기 때 밖에서 그림도 그렸지. 엄마랑 꽃이랑 나뭇잎으로 멋지게 만들었지."

엄마가 조금 애써야 했던 날, 그렇지만 아이는 참 행복했던 날로 기억 하나보다. 양육자의 여유가 아이에게는 큰 기회가 되는 것 같다. 몬테 소리 활동을 실천하면서 아이와 함께 그 행복을 느껴보면 좋겠다.

가정에서의 미술 활동

만들기

업 사이클링
환경을
사랑하는
액자

글 송영주

제공나이   18개월 이상

준비물   주변에 떨어진 나뭇잎, 재활용품
(종이 상자, 깨끗이 씻은 플라스틱 그
릇, 나무 젓가락, 사용했던 지퍼 백 2개)
풀 만들기 재료 (밀가루 3 큰 술, 물
50ml)

사전 활동
사용했던 지퍼백을 들고 나가서 주변에
떨어진 나뭇잎을 모아온다.
두꺼운 종이 상자는 엄마가 미리 잘라
서 준비해 둔다.

초대

"오늘은 엄마랑 상자 나뭇잎 액자 만들기를 해볼 거예요."
준비물을 들고 책상으로 가서 앉는다.

1) 준비된 미술 재료와 도구의 이름을 알려준다.

"이것은 종이 상자예요. 택배가 와서 버려진 상자를 사용해서 액자를 만들 거예요. 우리가 미리 주워 온 나뭇잎을 담아 놓았어요. 풀을 나뭇잎에 바르고 붙이기로 해요." 풀 만들기 재료를 소개하고 플라스틱 그릇에 물과 밀가루를 넣고 나무젓가락을 이용해서 섞는다.
종이 상자 자투리를 쟁반에 놓고 나뭇잎을 올려 둔다.

2) 작업하는 것을 직접 보여준다.

"엄마가 먼저 풀을 나뭇잎에 묻혀서 붙여 볼게요. 잘 보세요."
큰 종이상자에 나뭇잎을 자유롭게 붙인다.

3) 아이에게 권한다.

"이제 ○○이 차례예요! 풀을 바르고 붙여 보세요!"
"또 해보기로 해요." 아이가 원하는 만큼 반복한다.
다 붙인 후 미리 잘라 둔 지퍼백을 나뭇잎 위에 올린다. 상자 자투리를 잘라서 액자 프레임을 만들어서 붙인다.

목적
눈과 손의 협응력, 대·소근육이 발달한다.
환경에 대한 배려와 자연을 사랑하는 마음에 대해 안내할 수 있다.
감각 탐색을 위한 기회를 제공한다.

흥미점
나뭇잎을 주워서 모으는 것
풀을 만드는 것
나뭇잎에 풀을 바르는 것

주의점
깨끗이 세척한 재활용품을 준비하여 아이가 자유롭게 만들기 활동에 사용하도록 지원한다.
재활용품을 준비할 때에는 아이와 가정에서 함께 사용했던 것으로 하는 것이 좋다.
예) 요구르트병, 페트병, 상자 등

그만하고 싶다고 하면 작품을 보관하고 준비물들을 제자리에 갖다 놓는다."

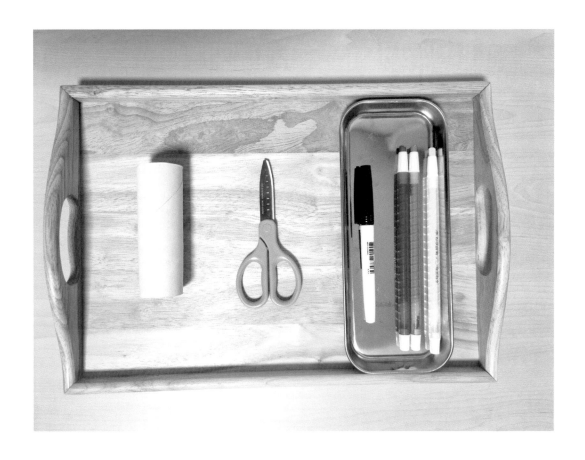

문어의
다리를
만들어보아요

글 최미란

<u>제공나이</u>	24개월 이상
<u>준비물</u>	가위
	다 쓴 휴지 심
	색연필(또는 사인펜)
	쟁반

초대

"엄마랑 오늘 문어 만들기를 해볼 거예요."
준비물을 들고 책상으로 가서 앉는다.

1) 준비된 미술 재료와 도구의 이름을 알려준다.

"이것은 휴지심이에요. 휴지심" 아이도 만져본다. 가위를 꺼내서 책상에 놓는다. "이것은 가위예요." 가위 손잡이 구멍에 검지를 끼워서 가위를 열고 닫는 모습을 보여준다. "○○이도 만져보세요." 아이가 가위를 만져본다. 펜 접시 속 색연필을 꺼내어 만진다. "이것은 색연필이에요."

2) 작업하는 것을 직접 보여준다.

"휴지심을 잘라서 문어 다리를 만들어 보기로 해요. 엄마가 어떻게 하는지 보여 줄게요. 잘 보세요." 휴지심을 가져와 가위에 갖다 댄다. 그리고 가위를 천천히 열어준다. "열고" 가위를 닫는다. "닫고" 여러번 반복한다.

3) 아이에게 권한다.

"이제 ○○이 차례예요."라고 말하며 아이가 자르도록 권한다.

"또 해보기로 해요." 아이가 원하는 만큼 반복한다.
"이번에는 문어 다리를 접어 줄게요. 엄마가 먼저 접고 ○○가 해 볼게요." 한 손으로 휴지심을 잡고 나머지 손으로 하나씩 접어준다. 두 개 정도 접은 후 아이에게 권한다.
"이제 색연필로 문어를 그려볼 거예요." 아이가 색연필을 사용해서 문어 다리와 얼굴을 그린다.

그만하고 싶다고 하면 작품을 보관하고 준비물들을 제자리에 갖다 놓는다.

목적
눈과 손의 협응력과 세련을 돕는다.
가위를 사용하는 법을 배운다.
창의적 사고와 표현력을 길러준다.

흥미점
휴지심을 자를 때마다 문어 다리가 만들어지는 것
문어 다리를 접어서 휴지심을 세우는 것
문어를 그리는 것

주의점
휴지심을 지탱하는 힘이 부족할 수 있으므로 잘 고정하여 잡을 수 있도록 한다.
색연필 잡는 방법을 강요하지 않는다.
도움이 필요한 경우 휴지심에 가위질 안내선을 그려주어도 좋다.

뾰족뾰족
고슴도치

글 고우라

제공나이　18개월 이상

준비물　고슴도치 사진
　　　　앞치마
　　　　지점토, 점토 판
　　　　성냥 스틱 또는 이쑤시개와 그것을
　　　　담을 용기
　　　　눈알, 코(생략 가능)
　　　　쟁반

초대

"엄마랑 오늘 고슴도치 만들기를 해볼 거예요."
준비물을 들고 책상으로 가서 앉는다.
앞치마를 입는다.

1) 준비된 미술 재료와 도구의 이름을 알려준다.

고슴도치 사진을 관찰해 본다. "고슴도치"라고 천천히 말해준다. 아이에게 충분히 관찰할 시간을 주고, 생김새에 대해 안내한다.
"동글동글 동그란 몸에 뾰족뾰족 가시가 있어요."
"이것은 점토판이에요." 점토판을 만져본다. "이것은 지점토에요." "○○이도 만져봐요." 점토를 탐색한 후, 점토 판 위에 둔다. "이것은 성냥 스틱이에요." 성냥 스틱을 하나 집어서 관찰한다. 아이에게 건네어 아이가 성냥 스틱을 탐색하도록 한다.

2) 작업하는 것을 직접 보여준다.

"지점토를 동그랗게 만들어 볼게요." 지점토를 굴려 동그랗게 만들고 점토 판 위에 놓는다. 손바닥으로 살짝 눌러 납작하게 만든다.
"성냥 스틱으로 가시를 만들어 볼게요."
성냥 스틱을 지점토에 꽂는다. "꼬옥"

3) 아이에게 권한다.

아이가 지점토를 동그랗게 만들고 성냥 스틱을 꽂는다.
"고슴도치 가시가 생겼어요. 이제 눈을 붙여 줄게요."
공예용 눈알을 꺼내어 점토 앞쪽에 붙인다.
"또 해보기로 해요." 아이가 원하는 만큼 반복한다.
"완성한 작품은 한쪽에 두고 말리기로 해요."

그만하고 싶다고 하면 작품을 보관하고 준비물들을 제자리에 갖다 놓는다.
쟁반에 성냥 스틱 용기와 점토 판, 고슴도치 사진을 담는다.
"앞치마를 접어요."
정리한 후, 손을 씻는다.

목적
점토 사용의 경험을 확장할 수 있다.
관찰한 것을 입체적으로 표현해 볼 수 있다.
자기 표현력을 기른다.

흥미점
지점토를 만지는 것
점토로 모양을 만드는 것
성냥 스틱(이쑤시개)을 점토에 꽂는 것

주의점
아이가 완성품에 대하여 다른 표상을 떠올릴 때에 자유로운 표현을 인정한다.
사전 경험으로 점토 작업을 충분히 할 수 있도록 한다.
완성품을 활용하여 역할놀이를 진행할 수 있다.

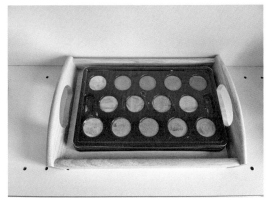

솔방울의
색 변신

글 고경은

<u>제공나이</u>	20개월 이상
<u>준비물</u>	자연에서 함께 수집한 솔방울 붓, 물감, 물통, 붓 닦는 천 쟁반

초대

"오늘은 엄마랑 솔방울로 만들기를 해볼 거예요."
준비물을 들고 책상으로 가서 앉는다.

1) 준비된 미술 재료와 도구의 이름을 알려준다.

"이것은 솔방울이에요. 우리가 산책하며 가지고 왔지요? 한 번 만져보세요."

"이것은 붓이에요. 만져보세요." 아이가 붓을 만져본다. "이것은 물감이에요. 물감에 물을 묻혀서 색을 칠해요." "이것은 흰 천이에요. 붓에 물이 많이 묻었을 때 물기를 천에 닦아낼 수 있어요."

"이것은 물통이에요. 여기에 물을 담아와요." 싱크대 혹은 화장실에 가서 물통에 물을 반 정도 받아온다.

2) 작업하는 것을 직접 보여준다.

"이제 붓으로 색칠하는 방법을 보여 줄게요." 한 손으로 붓을 잡고 다른 한 손으로 솔방울을 들어 물감을 칠하는 모습을 보여준다.

3) 아이에게 권한다.

"이제 ○○이 차례예요! 물감을 찍어보세요!" 아이도 해 볼 수 있도록 한다.

"또 해보기로 해요." 아이가 원하는 만큼 반복한다.

정리

그만하고 싶다고 하면 작품을 보관하고 준비물들을 제자리에 갖다 놓는다.

창가나 빛이 잘 드는 곳에 말리는 장소를 마련하여 솔방울을 올려놓는다.

사용한 붓을 화장실에 가져가서 씻는다.

목적
아이의 자기표현을 돕는다.
붓과 물감을 사용하는 법을 배운다.

흥미점
자신이 수집해 온 자연물로 미술 활동을 하는 것
솔방울에 붓으로 물감을 칠하는 것
울퉁불퉁한 솔방울의 질감을 느끼는 것

주의점
붓의 길이가 짧아서 아이가 잡기 편해야 한다. 붓의 모는 너무 두껍지 않은 것으로 준비한다. 두꺼운 경우 물감이 흐르거나 미세한 작업을 오히려 어렵게 한다. 물감은 수채화, 아크릴 등 다양한 종류가 가능하지만 아이에게 해롭지 않도록 안전성을 확보한 것으로 준비한다. 수채화 물감으로도 충분히 색이 잘 발색된다. 수집해 온 솔방울에 간혹 먼지나 벌레가 붙어있을 수 있으므로, 가능하면 세척한 후 작업한다. 세척은 베이킹 소다를 푼 물에 솔방울을 담근 뒤, 깨끗한 물에 씻어 1~2일 동안 충분히 건조한다.

나만의
책갈피를
만들어요

글 이은혜

<u>제공나이</u>	28개월 이상
<u>준비물</u>	꽃, 나뭇잎 도화지, 도형자, 연필 코팅지와 코팅기계

초대

"오늘은 엄마랑 책갈피 만들기를 해볼 거예요."
준비물을 들고 책상으로 가서 앉는다.

1) 준비된 미술 재료와 도구의 이름을 알려준다.

종이 뒤에 이름을 쓴다.

쟁반에 있는 꽃과 도형자와 연필의 이름을 알려준다.
"이것은 꽃이에요. ○○이도 향기 맡아보세요." 아이
가 탐색해 본다. "이것은 도형자에요. 만져보세요."
아이가 도형자를 만져본다.

2) 작업하는 것을 직접 보여준다.

책갈피 크기의 종이를 꺼내서 책상의 아래쪽에 놓는
다. "도형자를 대고 연필로 따라 그려 볼게요."
도화지에 도형을 그린다. 같은 방법으로 나머지
도형들도 하나씩 그려본다.
"예쁜 삼각형, 사각형, 원이 완성되었네.
우리 여기 있는 꽃들로 이 도형들을 꾸며봅시다."
도형을 따라 꽃과 잎을 놓으며 도형 꾸미기를 한다.

3) 아이에게 권한다.

"이제 ○○이 차례예요! 도형을 그려보고 꽃과 잎을
붙여 보기로 해요." 아이도 해 볼 수 있도록 한다.
"또 해보기로 해요." 아이가 원하는 만큼 반복한다.

"예쁜 꽃이 완성되었네. 자, 이제 두꺼운 책으로 눌러
서 납작하게 만들기로 해요."
"○○이가 만든 꽃을 오래 볼 수 있게 책갈피를 만들
어 줄 거예요."
시간이 지나 꽃과 나뭇잎의 모양이 정돈이 되면 코
팅지에 넣은 후 조심스럽게 코팅 기계로 코팅을 해
준다.
아이가 사용한 도형자와 도화지, 연필을 정리한 후,
손을 씻는다.

목적
자연물로 도형을 꾸미는 활동을 통해 정서를 발달시킨다.
도형에 대한 인지능력을 길러줄 수 있다.
도형을 자연물로 꾸미는 활동을 하며 눈과 손의 협응력을 돕는다.

흥미점
도형자를 대고 도형을 따라 그리는 것
도형을 따라 자연물을 줄지어 놓으며 꾸미는 활동으로 아름다운 작품이 완성되는 것
완성된 자연물을 눌러 평면으로 만들어 책갈피를 만드는 것

주의점
도화지의 크기는 책갈피로 만들고자 하는 크기에 맞게 미리 잘라 둔다.
코팅기계에 코팅을 하는 작업은 주의가 필요하므로 어른이 대신해준다.

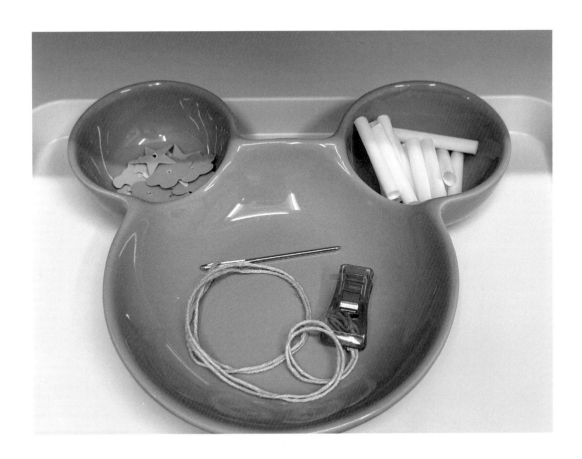

패턴
목걸이를
만들어요

글 송영주

제공나이	18개월 이상

준비물	뭉툭한 돗바늘에 실이 꿰어져 있고 끝은 집게로 고정 2-3cm 다양한 모양으로 잘린 종이 (가운데에 구멍이 뚫려 있음) 3~4cm 길이의 빨대 칸이 나뉜 쟁반, 혹은 접시로 구분

초대

"오늘은 엄마랑 실 목걸이를 만들기를 해볼 거예요."
준비물을 들고 책상으로 가서 앉는다.

1) 준비된 미술 재료와 도구의 이름을 알려준다.

"이것은 바늘이에요. 바늘 끝은 날카로워요. 끝은 만
지지 않아요. 조심하기로 해요. 바늘구멍이에요. 바늘
구멍에는 실이 들어가 있어요. 실이 꿰어져 있는 거
보이죠? 실 끝에는 집게가 있어요. 이 집게는 우리가
다 만들고 나서 빼기로 해요."
꾸밈종이와 빨대를 설명한다. "이것은 꾸밈종이예요.
가운데 구멍이 보여요? 이 구멍에 바늘을 넣을 거예
요. 이쪽에는 빨대도 있어요. 빨대도 바늘에 같이 넣
어 보기로 해요.

2) 작업하는 것을 직접 보여준다.

"엄마가 바늘에 종이를 끼워 볼게요. 잘 보세요." 바
늘에 꾸밈종이 가운데 구멍을 천천히 맞춘다. 구멍을
맞춘 후 종이를 밀어서 바늘에 천천히 넣는다. "이번
에는 빨대를 넣어 볼게요. 잘 보세요."
왼손으로 빨대를 잡고 바늘에 넣는다. 왼손으로 바
늘 중간을 잡고 오른손으로 빨대를 잡아당겨 실로 잡
아당긴다.

목적
눈과 손의 협응력, 대·소근육이 발달한다.
논리적인 순서 체계를 도와준다.
손의 다양한 잡기에 도전한다.

흥미점
바늘을 잡는 것
바늘에 꾸밈종이와 빨대를 끼우는 것
마지막에 실을 묶는 것

주의점
바늘에 손이 찔리지 않도록 뭉툭한 것으로 준비한다.
꾸밈종이의 크기는 아이가 잘 잡을 수 있도록 적당한 크기의 것으로 선별하고
계절과 상황에 따라 다양한 모양으로 준비한다.
여분의 종이와 빨대, 실을 준비해 둔다.

3) 아이에게 권한다.

"이제 ○○이 차례예요! 아이가 바늘에 꾸밈종이와
빨대를 낀다. 3~4개 정도 끼워 넣으면 묶는다. "이제
묶어 보기로 해요. 묶으려면 집게를 빼야 해요. ○○
이가 집게를 빼서 쟁반에 넣어주세요." 아이가 실 끝
에 있던 집게를 빼서 쟁반에 넣어둔다.
"또 해보기로 해요." 아이가 원하는 만큼 반복한다.

그만하고 싶다고 하면 작품을 보관하고 준비물들을
제자리에 갖다 놓는다.

미술활동글

우리 아이는 감각기관이 예민했다. 처음에는 감각적으로 뛰어난 아이의 일상생활의 불편감을 해소하기 위해 다양한 활동을 시도했다. 자연적으로 조성된 숲, 강, 바다를 찾아가 들리는 자연의 소리에 귀를 기울이고 무료 음악회, 미술 전시회 등에 가서 함께 이야기를 나누고 함께 미술 활동을 했다. 그렇게 몇 년이 지난 지금은 생활에 스며들면서 아이와 내가 공명 하는 순간들로, 감각 예민성이 불편함이 아닌 내적 자원으로, 그에 대한 축복과 감사로 바뀌어 있다.

아이와 함께 했던 그러한 다양한 활동의 결과는 물질의 풍요로움과는 비교할 수 없는 정말 위대한 자산이라고 생각한다.

그리기

끄적 끄적
그림 그리기

글 이도경

<u>제공나이</u> 14개월 이상

<u>준비물</u> 트레이
블록형 크래용, 크래용을 담을 상자
매트, 매트 보다 작은 종이

초대

"오늘은 엄마랑 그림을 그려 볼 거예요."
준비물을 들고 책상으로 가서 앉는다.

1) 준비된 미술 재료와 도구의 이름을 알려준다.

"쟁반에 무엇이 있는지 보기로 해요." 교구 이름을
안내하고 탐색한다.

크레파스가 들어 있는 상자를 매트 위로 들고 온다.

"뚜껑을 열어 볼께요."

천천히 뚜껑을 열고 "이것은 크레파스예요." 천천히
살펴보는 모습을 보여준다.

다시 뚜껑에 넣고 닫은 다음 아이가 해볼 수 있도록
한다. 탐색한 뒤 제자리에 두도록 안내한다.

2) 작업하는 것을 직접 보여준다.

"그림은 종이 위에만 그리는 거예요. 엄마가 먼저 종
이에 그려 볼게요. 잘 보세요." 아이가 따라할 수 있
는 간단한 선을 그린다.

"멋진 그림이 되었네."

3) 아이에게 권한다.

"이제 ○○이 차례예요! 그려 보세요!"

아이가 종이에 그려본다.

"또 해보고 싶나요?" 아이가 하고 싶은 만큼 반복하
도록 한다.

그만하고 싶다면 작품 보관함에 갖다 놓는다.

책상으로 돌아와 교구를 정리하고 제자리에 가져다
둔다.

다음 활동으로 연결한다. "손 씻기 할까요? 식물에
물주기 할까요?"

__목적__
정서 발달과 표현력을 길러준다.
눈과 손의 협응력, 대근육과 소근육 발달을 돕는다.
작업의 논리적인 순서에 대한 이해력을 높인다.

__흥미점__
상자에서 크레파스를 꺼내는 것
움직임에 따라 색이 종이에 묻어나는 것
크레파스의 각기 다른 면으로 그렸을 때 다른 두께의 그림으로 그림이 그려지는 것

__주의점__
아이 손 사이즈에 맞는 것을 준비한다.
처음엔 한 가지 색을 제공하고 이후 2~3가지 색을 제공할 수 있다.
여분의 종이는 작업 공간 근처에 별도로 두어 한 장씩 가져와 사용한다.

오색빛깔
물감그림

글 현소이

<u>제공나이</u>   16개월 이상

<u>준비물</u>   물감 3색
        붓, 팔레트, 물컵
        밑그림, 앞치마

"오늘은 물감 칠하기를 해 보아요."
준비물을 운반하고 앞치마를 입는다.

1) 준비된 미술 재료와 도구의 이름을 알려준다.

"이것은 팔레트예요. 이것은 파란색, 빨간색, 노란색." 팔레트의 물감 색깔을 천천히 소개한다.

"이것은 붓이에요. 한 번 만져보세요." 붓을 천천히 만져보고 탐색한다.

"이것은 물통이에요. 물감으로 칠하려면 물이 필요해요. 물을 떠오기로 해요." 아이와 함께 싱크대에 가서 물을 떠온다.

2) 작업하는 것을 직접 보여준다.

"엄마가 먼저 칠해 볼게요. 잘 보세요." 붓에 물을 소량 묻힌 후 팔레트의 물감을 묻힌다.

밑그림에 붓 칠을 하여 색을 칠한다.

3) 아이에게 권한다.

"이제 ○○이 차례예요."

"또 해보기로 해요."

그만하고 싶다고 하면 작품을 보관하고 준비물을 제자리에 갖다 놓는다.

목적

정서 발달과 표현력을 길러주며 언어 발달을 돕는다.
눈과 손의 협응력, 대·소근육이 발달된다.
감각 탐색을 위한 기회를 제공한다.

흥미점

다양한 색의 물감이 칠해지는 것을 보는 것
붓에 물감을 묻히는 것
물감이 묻은 붓을 물통에 넣어 물의 색이 변하는 것을 보는 것

주의점

인체에 무해한 물감을 마련한다.
적당량의 물감이 든 팔레트를 미리 준비한다. 물감이 부족한 경우,
비품함에서 물감을 덜어 사용할 수 있게 한다.
다양한 동식물의 밑그림을 제공하는데, 식물의 경우 계절에 맞는 밑그림을 준비한다.

검정 하늘 뒤
숨은
무지개

글 곽희재

제공나이   18개월 이상

준비물   스크래치 페이퍼 혹은 스케치북
나무 펜, 작업판
앞치마, 팔 토시

초대

"오늘은 엄마랑 스크래치 그림을 그려볼게요."
준비물을 운반하고 앞치마를 입고 팔토시를 한다.

1) 준비된 미술 재료와 도구의 이름을 알려준다.

"이것은 스크래치 페이퍼예요." 아이가 스크래치 페
이퍼를 만져보며 탐색한다.

2) 작업하는 것을 직접 보여준다.

"엄마가 먼저 해볼게요. 잘 보세요."
스크래치 페이퍼에 그리는 모습을 천천히 보여준다.
선을 긋기도 하고 아이 수준에 맞게 형태를 그린다.

3) 아이에게 권한다.

"이제 ○○이 차례예요."
"또 해보기로 해요."

그만하고 싶다고 하면 작품을 보관하고 준비물들을
제자리에 갖다 놓는다.

목적

그림 그리기 활동을 통하여 정서의 발달과 표현력을 길러 준다.
눈과 손의 협응력과 대, 소근육 발달을 돕는다.
감각 탐색을 위한 기회를 제공한다.

흥미점

손의 힘을 사용하여 긁어서 형태를 만드는 것
자신이 그린 그림을 보며 제목을 붙이는 것
그림을 그리면서 엄마와 이야기를 나누는 것

주의점

아이가 자유롭게 자신이 그리고 싶은 것들을 끄적일 수 있도록 한다.
그림을 전시하는 곳을 마련하여 전시한다.
검은색 가루가 많이 나와 작업판 혹은 보호판을 깔고 작업하는 것이 좋으며
팔 토시를 하는 것도 도움이 된다.

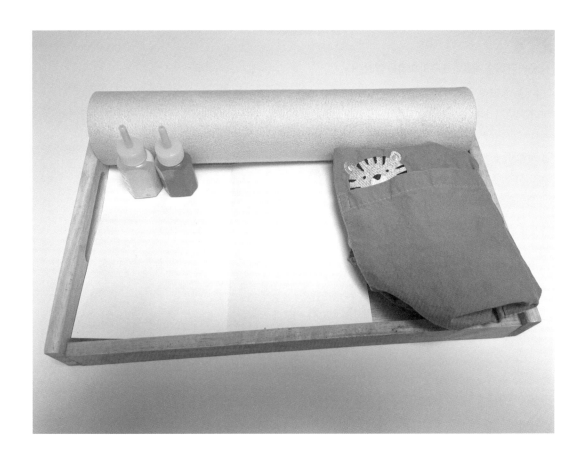

매직
데칼코마니

글 이도경

제공나이   15개월 이상

준비물   물감 2색, 도화지
            작은 가죽 매트
            앞치마

초대

"오늘은 엄마가 데칼코마니를 준비했어요."
준비물을 운반하고 앞치마를 입는다.

1) 준비된 미술 재료와 도구의 이름을 알려준다.

종이 뒤에 이름 쓴다.

"이것은 가죽 매트예요. 책상에 물감이 묻지 않도록 깔아두는 거예요. 만져보세요." 아이가 매트를 탐색한다.

도화지와 물감도 같은 방법으로 소개한다.

2) 작업하는 것을 직접 보여준다.

"엄마가 먼저 그리고 ○○가 해보세요."

물감 뚜껑을 열어서 물감을 도화지에 꾹 짜서 뿌리고, 도화지를 접어 물감이 잘 퍼질 수 있도록 종이를 한 번 쓸어준 뒤 펼친다.

"그림이 어때요?"

3) 아이에게 권한다.

"이제 ○○이 차례예요."

아이가 원하는 만큼 반복한다.

그만하고 싶다고 하면 작품을 보관하고 준비물들을 제자리에 갖다 놓는다.

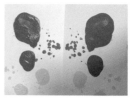

<u>목적</u>

물감을 사용하는 법을 배운다.

데칼코마니 기법을 접해본다.

자신의 표현력을 길러준다.

<u>흥미점</u>

물감을 짜는 것에 흥미를 느낀다.

물감이 퍼져서 색이 혼합되는 것에 흥미를 느낀다.

매번 다른 작품이 나오는 점이 흥미점이 될 수 있다.

<u>주의점</u>

물감은 1회분만 준비한다.

처음에는 한 가지 색깔을 제공하고 일주일에 한 번씩 색깔을 바꾼다.

최대 3가지 색깔을 제공한다.

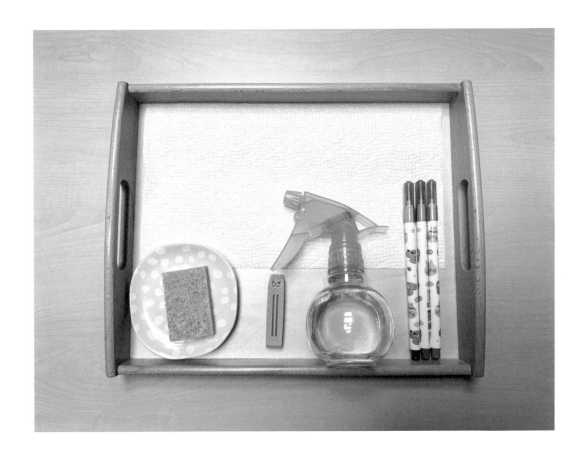

사인펜
오로라는
아름다워요

글 박수화

제공나이	18개월 이상

준비물　사인펜 2-3색, 페이퍼 타월
매트, 분무기, 마른 천
나무 쟁반, 앞치마
그 외 확장 놀이를 위한
고무줄 및 나무막대기

초대

"오늘은 엄마랑 사인펜으로 재미있는 미술활동을
해보기로 해요."
준비물을 운반하고 앞치마를 입는다.

1) 준비된 미술 재료와 도구의 이름을 알려준다.

종이 뒤에 이름 쓴다.

"이것은 사인펜이에요. 사인펜."

"이것은 분무기예요. 분무기. 이것으로 페이퍼 타월에 물기를 적셔서 사인펜을 번지게 할 거예요."

2) 작업하는 것을 직접 보여준다.

"엄마가 먼저 페이퍼 타월에 찍어 볼게요."

페이퍼 타월에 사인펜을 콕콕 점을 찍는다.

쟁반에서 분무기를 꺼내서 들고 구멍이 페이퍼 타월을 향하게 하여 물을 뿌린다.

3) 아이에게 권한다.

"이제 ○○이 차례예요."

아이가 원하는 만큼 반복한다.

그만하고 싶다고 하면 작품을 보관하고 준비물들을 제자리에 갖다 놓는다.

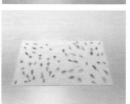

목적

정서 발달을 돕고 표현력을 길러준다.

눈과 손의 협응력과 조정능력을 기른다.

언어발달을 돕는다.

흥미점

페이퍼 타월에 다양한 색상의 사인펜을 콕콕 찍어보는 것

분무기를 뿌렸을 때 사인펜이 번지는 것을 보는 것

두 손으로 분무기를 누르는 것

주의점

사인펜은 최대 3가지 색상을 제공한다.

분무기의 물의 양은 1회 활동 분만 제공한다.

어린 연령의 아이의 경우 확장 활동

(마른 페이퍼 타월로 나비 모양을 만들어 보는 것)은 엄마가 도와준다.

먹물로
자유롭게
표현해요

글 박은민

<u>제공나이</u>   2.5세 이상

<u>준비물</u>   화선지 (미리 A4사이즈 정도로 잘라서
준비), 작은 붓, 벼루, 먹, 매트
작은 연적 혹은 주둥이가 있는
작은 주전자, 붓을 씻을 작은 물통

"오늘은 엄마랑 먹물로 그리기를 해 볼 거예요.
준비물을 운반하고 앞치마를 입는다.

활동

1) 준비된 미술 재료와 도구의 이름을 알려준다.

종이 뒤에 이름 쓴다.

"쟁반에 무엇이 있는지 알아보기로 해요." 쟁반에 있
는 도구의 이름을 알려주고 아이가 탐색해 본다.

"이것은 먹이에요. 먹."

"이것은 벼루예요. 먹을 벼루에 갈아서 먹물을 만들
거예요."

위와 같은 방법으로 붓, 화선지, 연적, 물통, 손걸레, 매트를 차례로 소개하고 탐색한다.
매트를 펼친 후 화선지를 매트 위에 놓고, 벼루, 먹, 붓을 꺼내어 화선지 옆에 차례대로 놓는다.
"우리는 먹물을 만들 물이 필요해요. 연적에 물을 담아 오기로 해요."
싱크대나 화장실로 가서 연적에 물을 받아온다.
연적으로 벼루에 물을 따른다.

2) 작업하는 것을 직접 보여준다.

"엄마가 먹을 가는 방법을 보여 줄게요. 잘 보세요."
벼루에서 천천히 동그라미를 그리며 먹을 가는 방법을 보여준 다음 아이가 해 볼 수 있도록 한다.
아이가 충분히 먹을 갈고 나면, 물이 진해져서 먹물이 되었음을 확인할 수 있게 도와준다.
"이제 붓으로 먹물을 찍어 그림을 그려 볼 거예요."
먹물을 붓에 묻히고, 벼루의 한쪽 모서리에 먹물을 살짝 닦아내어 붓에 있는 물의 양을 조절 한 뒤 천천히 선을 그린다.

3) 아이에게 권한다.

"이제 ○○이 차례예요."
"또 해보기로 해요."
아이가 그림을 충분히 그렸다고 하면 정리를 하도록 한다.

정리

"먼저 붓을 씻기 위해 물통에 물을 떠오기로 해요."
붓을 물통에 담가 씻는다.

"벼루에 남은 먹물도 물통에 버려줄게요."
벼루가 무거우므로 이 작업은 엄마가 하도록 한다.
"싱크대로 가서 물을 버리기로 해요."

목적
감각적 탐색을 위한 기회를 제공한다.
작업의 논리적 순서에 대한 이해를 돕는다.
의지, 지식, 운동의 통합을 돕는다.

흥미점
벼루에 먹을 가는 것
물이 점점 진해져 먹물이 되어가는 것을 보는 것
연적에 물을 담고 따르는 것
벼루의 모서리에 붓을 닦아 물의 양을 조절하는 것

주의점
붓, 벼루, 먹은 너무 크지 않은 적절한 크기로 준비한다.
연적이나 물을 담는 주전자는 작은 것으로 준비하여 1회분만 담을 수 있도록 한다.
정리를 아이와 함께하지만, 붓을 씻거나 벼루를 다루는 과정이 완벽하지 않을 수 있으므로,
아이의 정리 후 엄마가 마무리를 잘 살피도록 한다.

꼭꼭 숨어라,
비밀 그림

글 김혜미

제공나이	24개월 이상
준비물	흰 종이
	흰색 크레파스
	수채화물감 두 색상
	붓
	작은 수건
	쟁반

초대

"그림도 그려보고, 물감도 해봤죠? 오늘은 엄마랑 두 가지를 모두 사용해서 신기한 그림을 그려볼 거예요." 준비물을 운반하고 앞치마를 입는다.

1) 준비된 미술 재료와 도구의 이름을 알려준다.

종이 뒤에 이름 쓴다.

"이것은 크레파스예요. 크레파스." 아이도 만져본다.

"이것은 종이예요. 크레파스와 종이가 둘다 흰 색이
네요."

2) 작업하는 것을 직접 보여준다.

"엄마가 크레파스로 동그라미를 그렸어요. 어때요?
잘 보이나요?" "잘 안보이지요?"

붓에 물감을 묻혀 그림 위에 칠한다. "아까 그렸던 그
림이 나타나요."

3) 아이에게 권한다.

"이번에는 ○○이 차례예요." 아이가 그려 본다. "보
이지 않았던 그림이 보여요."

"또 해보기로 해요."

그만하고 싶다고 하면 작품을 보관하고 준비물들을
제자리에 갖다 놓는다.

"물감이 묻은 책상은 손걸레로 닦아주세요."

"물감이 마를 때까지 기다려야 해요. 여기에 두고 기
다리기로 해요."

목적

크레파스와 물감을 함께 사용하는 법을 배운다.

다양한 표현력을 길러준다.

흥미점

흰색 크레파스를 흰 종이에 그리면 잘 보이지 않는 것

물감칠을 하면 그림이 나타나는 것

주의점

흰색 크레파스는 끄적이기 활동을 충분히 경험한 아이에게 제공한다.

물감을 사용해본 아이에게 제공한다.

그림이 잘 보이도록 물감의 농도를 미리 확인하고 제공한다.

나만의
가방을
만들어요

글 김보라

제공나이   18개월 이상

준비물   무지 캔버스 백(아이에게 맞는 사이즈)
패브릭 마커(1~3가지 색상)
큰 쟁반과 작은 접시
(접시 안에 패브릭 마커 담기)

초대

"우리 어제도 산책하며 열매를 주웠지요? 오늘은 엄마랑 열매를 담는 가방에 그림을 그려주도록 해요."
준비물을 운반하고 앞치마를 입는다.

1) 준비된 미술 재료와 도구의 이름을 알려준다.

종이 뒤에 이름 쓴다.

"천 가방이에요." "이것은 마커에요. 마커." 아이도 만져보고 통에 넣는다.

2) 작업하는 것을 직접 보여준다.

"엄마가 먼저 마커로 천 가방에 그려볼게요."

마커 뚜껑을 여는 모습을 보여준다.

왼 손바닥으로 천을 지그시 눌러서 고정시킨다. 가방에 세로줄, 가로줄, 점을 찍는다. 마커 뚜껑을 찾아서 닫는다.

3) 아이에게 권한다.

"○○이는 어떤 색 마커를 사용하고 싶어요?" 마커 색상을 고르게 한다.

"가방에 그림을 그려보세요." 아이가 그려 본다. "또 해보기로 해요."

"다 그렸어요? 뚜껑을 닫아보도록 해요." 아이가 뚜껑을 닫는다.

목적
패브릭 마커 사용하는 법을 배운다.
낙서하는 법을 배운다.
자신의 표현력을 길러준다.

흥미점
패브릭 마커 잡는 방법을 아는 것
직접 꾸민 가방에 열매를 담는 것
마커를 사용할 때 가방에 흔적(그림)이 남는 것

주의점
너무 큰 가방을 제공하지 않는다.
꾸미기를 강요하지 않고, 끄적이거나 점 찍기 형식도 좋다.
패브릭 마커가 입에 들어가지 않도록 한다.

그만하고 싶다고 하면 마커 뚜껑을 닫고 정리한다.

"가방은 하루 동안 빨래 건조대에서 말리도록 해요."

가방을 빨래 건조대에 널고 돌아온다.

"물감이 묻은 책상은 손걸레로 닦아주세요."

"물감이 마를 때까지 기다려야 해요. 여기에 두고 기다리기로 해요."

119

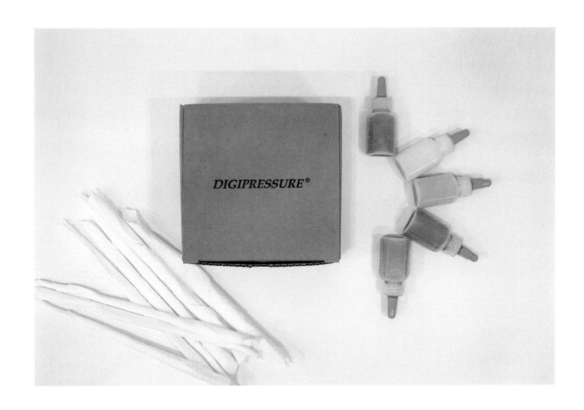

무지개
구름이 두둥실

글 김수지

제공나이　18개월 이상

준비물　컨버스나 넓은 종이박스
목공용 풀, 딱풀
키친타월
어린이 약통 4-5개
수채화 물감
신문지나 매트
쟁반

"오늘은 엄마가 키친 타올로 물감 놀이하는 것을 알
려 줄게요."
준비물을 운반하고 앞치마를 입는다.

활동

1) 준비된 미술 재료와 도구의 이름을 알려준다.

"먼저 쟁반에 뭐가 있는지 알아보기로 해요."
쟁반을 책상의 위쪽에 둔다. 신문지나 매트를 꺼내서
책상의 아래쪽에 놓는다. "이것은 신문지(매트)이에
요. 신문지(매트)" 아이도 만져본다.
"엄마가 어떻게 펼치는지 보여 줄게요."
신문지(매트)를 편다.

키친타월이 붙은 상자(컨버스)를 꺼내어 매트 위에 올려놓는다. "이것은 키친 타월이에요. 키친타월. 친구도 한번 만져보세요." 아이도 키친타월을 만져본다. 키친타월이 붙은 상자(컨버스)는 매트의 가운데 아래쪽에 둔다.

"이것은 물감이 들어있는 통이에요." 엄마가 물감이 들어있는 통을 하나씩 들어 가까이 탐색한다. "어떤 색이 있는지 친구도 한번 보세요." 딱풀 옆에 나란히 놓는다.

2) 작업하는 것을 직접 보여준다.

"엄마가 먼저 한 다음에 우리 친구가 해볼 거예요." 물감이 들어있는 통을 하나 골라 뚜껑을 천천히 연다. 키친타월이 붙어있는 상자 군데 군데에 물감을 뿌린다. 통을 거꾸로 돌린 뒤 천천히 누르는 모습을 보여준다.

"키친타월에 물감이 스며들고 있어요. 보이죠?" "물감(색)이 점점 번지고 있어요." 물감이 들어있는 통의 뚜껑을 천천히 닫고 원래 자리에 놓는다.

다른 색의 물감이 들어있는 통을 꺼내어 키친타월에 색을 입힌다. "두 가지 색의 물감이 섞여서 다른 색이 되었어요!" 뚜껑을 닫고 원래 자리에 놓는다.

목적
정서의 발달과 표현력을 길러준다.
감각적 탐색을 위한 기회를 제공한다.
논리적인 순서 체계에 대한 이해를 돕는다.

흥미점
약통을 눌러 물감이 나오는 것
물감이 키친타월로 스며드는 것
물감의 색이 섞이는 것

주의점
엄마는 미리 키친타월로 모양을 구성하고 한두 개 정도를 아이가 할 수 있도록 한다.
물감의 양과 개수는 아이의 발달 수준을 고려하여 조절한다.
신문지나 아래에 깔 매트를 준비하여 물감이 다른 곳에 묻지 않도록 한다.

3) 아이에게 권한다.

"이제 ○○이가 키친타월에 색을 입혀보세요." 아이가 물감이 들어있는 통을 골라 색을 입한다.
"키친타월에 색을 다 입혔나요? 또 하고 싶나요?"

정리

그만하고 싶다고 하면 정리한다.
"○○이가 만든 키친타월 작품은 창문에 말려 놓기로 해요."
"쟁반 어떻게 가져가는지 기억나요? 쟁반을 가져가요." 다음 작업을 안내한다. "우리 손에 물감이 묻었어요. 손을 씻어야 해요. 손 씻으러 갈까요?"

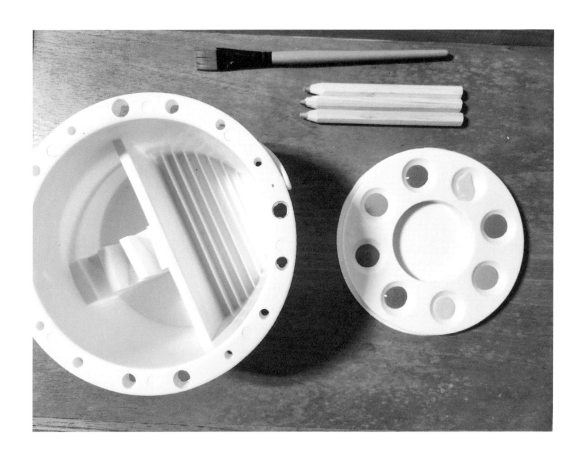

빙글 빙글
동그라미

글 고은비

제공나이   24개월 이후

준비물   바실리 칸딘스키
'동심원이 있는 정사각형(1913)' 복사본
도화지(동그란 접시)
물감과 크레파스
팔레트와 물통, 붓

초대

"오늘은 엄마랑 원을 그려보기로 해요."
준비물을 운반하고 앞치마를 입는다.

1) 준비된 미술 재료와 도구의 이름을 알려준다.

칸딘스키의 그림을 관찰한다.

"이 그림은 동심원이라는 그림이에요 그림안에 동그라미가 많이 있지요?"

"노란색은 어디에 있나요?" 빨간색, 초록색, 보라색, 파란색 다양한 색깔을 물어본다.

"○○이는 어떤 그림이 마음에 드나요?"

교구의 명칭을 확인하고 탐색해 본다.

"무슨 교구가 있는지 한 번 살펴보도록 해요."

"이것은 붓이에요." "이것은 물감이에요."

"이것은 크레파스예요." "이것은 물통이에요."

아이에게 건네어 탐색하도록 한다.

2) 작업하는 것을 직접 보여준다.

"이것은 크레파스예요."

엄마가 먼저 크레파스로 동그라미를 그리고 붓으로 색칠하는 모습을 보여준다.

3) 아이에게 권한다.

"○○이도 한 번 해볼까요?" 아이가 비슷하게 그리지 않더라도 지적하지 않는다.

작품을 완성한다. 다시 하자고 권유한다.

그만하고 싶다고 하면 정리한다.

물통의 물을 버리고 온다. 팔레트를 정리한다.

활동 마무리에는 항상 두가지 옵션을 제시하고 아이가 다음 활동을 이어 나갈 수 있도록 한다

"물감이 마를 때까지 기다려야 해요. 여기에 두고 기다리기로 해요."

목적

관찰력을 기른다.

표현력을 기른다.

논리적인 작업에 대한 순서를 배운다.

흥미점

다양한 색을 사용하여 원을 반복해서 그리는 것

명화 작품과 자신의 작품을 비교하는 것

물감을 사용하는 것

주의점

자기 표현력을 기를 수 있다.

원을 세밀하게 그리려는 노력을 통해 운동의 협응력과 조정력을 기를 수 있다.

닫힌 원을 그리면서 집중력이 발달한다.

이경주 님

나에게 유아 미술이란 마음을 다잡고 시작해야 하는 어려운 분야였다. 아이가 크면서 손에 묻지 않는 크래용, 도트 물감 등 가정에서도 쉽게 사용할 수 있는 다양한 미술용품이 있었고 아이와 함께 배워 가는 중이다. 아이가 혼자서 끄적이며 집중하고 있을 때 뒤에서 아이를 보며 기분이 좋았지만, 한편으로는 걱정이 되었다. 난 창의적인 사람이 아닌데 어떻게 아이에게 안내해 줘야 할지 고민했었다. 그러나 이제는 어렵지 않다는 것을 느낀다. 그것이 부모의 역할이 아님을 몬테소리 교육을 통해 알게 되었다. 부모로서 해야 할 일은 다양한 재료들을 제공하고 그 사용법을 알려주고 뒤로 물러나 아이가 마음껏 스스로 할 수 있도록 지원하는 것이다.

가정에서의 미술 활동
붙이기

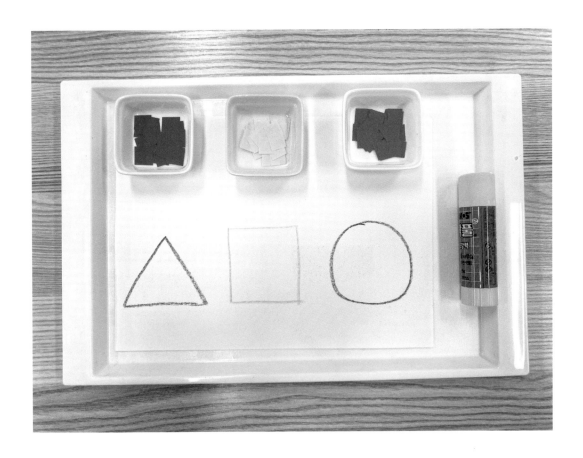

색종이가
모여서
무엇이 될까요?

글 이은진

<u>제공나이</u>   18개월 이상

<u>준비물</u>   같은 계열 색깔의 색종이 조각
          스케치북, 풀
          연필 또는 색연필
          쟁반

초대

"오늘은 엄마랑 색종이로 도형 꾸미기를 해 볼 거에요."
준비물을 운반하고 앞치마를 입는다.

1) 준비된 미술 재료와 도구의 이름을 알려준다.

종이 뒤에 이름을 쓴다.

"여기 ○○이가 잘라서 보관해 둔 여러 가지 색깔의 잘린 종이가 있어요. "

2) 작업하는 것을 직접 보여준다.

"엄마가 먼저 여기 그림 안에 빨간색만 붙여볼게요."

빨간색 색종이 조각을 들어서 보여준다.

첫 번째 도안에 빨간색 계열의 색종이만 붙인다.

3) 아이에게 권한다.

"○○이도 한 번 해볼까요?" 아이가 한 도안을 다 채운다.

"그럼 다른 색깔로도 한번 해볼까요?" 다른 도안을 제시하여 작업한다.

그만하고 싶다고 하면 완성한 작품에 이름과 날짜를 적고 작품 보관함에 넣는다.

<u>목적</u>
색종이에 풀을 바르고, 붙이면서 기능적 독립심을 키운다.
시각, 촉각 등의 감각 탐색을 한다.
다양한 색상의 이름을 알 수 있고, 언어 발달을 도와준다.

<u>흥미점</u>
다양한 색깔을 알아보고 구분해 보는 것
풀로 스케치북에 색깔별로 붙여보는 것
도형이나 그림을 색종이에 붙여서 채워보는 것

<u>주의점</u>
종이에 풀을 바를 때 원하는 위치에 잘 바를 수 있도록 한다.
풀이 손에 묻으면 2차 오염을 막을 수 있도록 한다.
종이를 색깔별로 분류할 수 있도록 한다.

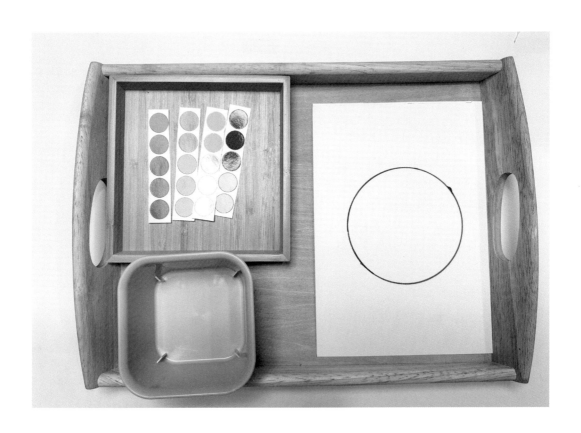

스티커 꾸미기
모양 따라
붙여요

글 박성희

<u>제공나이</u>	15개월 이상
<u>준비물</u>	다양한 스티커 그림이 그려진 종이 쟁반

"오늘은 엄마와 스티커 붙이기 활동을 해 볼 거예요."
준비물을 운반하고 앞치마를 입는다.

1) 준비된 미술 재료와 도구의 이름을 알려준다.

종이 뒤에 이름을 쓴다.

"여기 원이 그려진 종이와 다양한 색의 스티커가
있어요." 아이가 천천히 만져보고 탐색하도록 한다.

2) 작업하는 것을 직접 보여준다.

"엄마가 먼저 스티커를 붙여볼게요." 스티커를
천천히 떼는 모습을 보여주고 그림에 붙인다.

3) 아이에게 권한다.

"이제 OO이 차례에요. 스티커를 붙여보세요." 아이
에게 더 붙여보고 싶은지 물어보고 스티커 붙이기
활동을 반복한다.

그만하고 싶다고 하면 작품을 보관하고 준비물들을
제자리에 갖다 놓는다.

목적
스티커를 떼보는 활동으로 눈과 손의 협응력을 돕는다.
교구 탐색을 통해 언어발달을 돕는다.
반복을 통해 집중력을 길러주고 작업의 논리적 순서에 대한 이해를 돕는다.

흥미점
집게 손으로 스티커를 떼어 보는 것
스티커의 끈끈한 부분을 만져보는 것
스티커로 바탕 종이를 꾸며보는 것

주의점
너무 작은 스티커는 입에 넣을 수 있으니 연령에 맞게 크기를 준비한다.
처음에는 하나만 제공하다가 잘 붙이게 되었을 때
다양한 색과 종류의 스티커를 고를 수 있게 한다.

말랑말랑
폼폼이

글 김민영

<u>제공나이</u>   24개월 이상

<u>준비물</u>   크레용, 솜 방울
           솜 방울 넣는 뚜껑이 있는 통
           풀병(일 회분이 담긴 무독성 풀)
           붓, 붓 받침
           종이(사이즈: A5, 여러 장)
           쟁반

초대

"오늘은 엄마랑 솜 방울 붙이기를 할 거예요."
준비물을 운반하고 앞치마를 입는다.

1) 준비된 미술 재료와 도구의 이름을 알려준다.

종이 뒤에 이름을 쓴다.

"먼저 쟁반에 뭐가 있는지 알아보아요."
준비된 도구의 이름을 알려준다.

2) 작업하는 것을 직접 보여준다.

"엄마가 먼저 스케치를 할게요." 동그라미를 그린다.
"엄마는 동그라미 안에 풀을 바를 거예요." 동그라미
안에 풀칠한다. 솜 방울을 여러 개 붙인다.

3) 아이에게 권한다.

"이제 ○○이 차례예요." 아이가 원하는 만큼 반복
한다.

아이가 그만 만들고 싶다고 하면, 정리한다.
사용한 재료를 쟁반에 담고, 손을 씻는다.
아이가 만든 작품에는 날짜를 적어서 작품 보관함에
넣어둔다.

목적
솜 방울에 풀을 바르고, 붙이면서 기능적 독립심을 키운다.
시각, 촉각 등의 감각 탐색을 한다.
솜 방울의 다양한 색상의 이름을 알 수 있고, 언어 발달을 도와준다.

흥미점
솜 방울 통의 뚜껑을 돌려서 여는 것
투명한 통으로 다양한 색의 솜 방울이 보이는 것
솜 방울의 질감을 느끼는(힘을 줘서 잡으면 형태가 변하는) 것

주의점
무독성의 풀을 고른다.
끼적이기와 풀 붙이기 활동을 경험한 아이에게 제공한다.
스케치 및 솜 방울을 붙이는 과정에서, 아이의 자유로운 표현의 기회를 준다.

꼭꼭
채워
붙여요

글 문지영

제공나이	15개월 이상
준비물	원형 스티커 색연필 1색 종이(A4 사이즈) 쟁반

초대

"오늘은 엄마랑 원 스티커로 면 채우기를 해 볼 거예요."

"이제 ○○도 한번 해볼까요?" "스티커를 더 붙여 사과 색을 채우기로 해요."

채워지지 않은 빈 면을 가리키며 "여기 하얀 부분에도 붙여볼까요?" 아이가 계속해서 스티커를 붙인다.

"또 해보고 싶나요?" 아이가 하고 싶은 만큼 반복하도록 한다.

1) 준비된 미술 재료와 도구의 이름을 알려준다.

종이 뒤에 이름을 쓴다.

"먼저 쟁반에 뭐가 있는지 알아보기로 해요." 교구 이름을 안내하고 탐색한다.

"이것은 색연필이에요. 색연필. 스티커랑 색이 같아요."

2) 작업하는 것을 직접 보여준다.

"엄마가 먼저 스케치를 할게요. 동그라미, 세모, 네모 중에 어떤 것을 그리고 싶어요?"

(혹은 면을 채울 수 있는 밑그림을 자유롭게 그린다.)

"빨간색 사과 안에 빨간색 원 스티커를 붙여 볼게요." 스티커를 떼어 사과 안에 붙인다.

정리

그만하고 싶다고 하면 작품을 보관하고 준비물들을 제자리에 갖다 놓는다.

목적
스티커를 떼어 보는 활동으로 눈과 손의 협응력을 돕는다.
아이들의 정서발달과 표현력을 길러준다.
반복을 통해 집중력을 길러주고 작업의 논리적 순서에 대한 이해를 돕는다.

흥미점
동그란 스티커를 떼는 것
스케치 그림과 같은 색의 스티커를 사용하는 것
스티커의 끈끈한 부분을 만져보는 것
원하는 도형(혹은 그림)을 그리고 면 안에만 스티커를 붙이는 것

주의점
원형 스티커의 사이즈는 아이의 발달에 맞게 고른다.
스티커를 떼기가 어려운 아이라면 미리 떼어놓아 붙이기만 준비해 줄 수 있다.

스티커 꾸미기
꼭꼭 맞추어
붙여요

글 이선주

<u>제공나이</u>   20개월 이상

<u>준비물</u>   16mm 지름의 원 모양 스티커
미끄럼 방지 깔개
작은 스티커 보관 그릇
스티커 껍질 보관 그릇
쟁반

초대

"오늘은 엄마랑 동그라미 스티커를 종이 위 동그라미
안으로 쏙 붙여 볼 거예요."
준비물을 운반하고 앞치마를 입는다.

1) 준비된 미술 재료와 도구의 이름을 알려준다.

종이 뒤에 이름을 쓴다.

"여기 동그라미가 여러 형태로 구성된 종이가 있어
요. (출력물들만 모아 꽂아 놓는 서랍, 트레이 혹은
장소가 있어야 한다.) ○○이는 어떤 종이에 붙여보고
싶나요?"
아이가 한 장을 고르면 쟁반 위에 올려놓는다.

2) 작업하는 것을 직접 보여준다.

"엄마가 스티커를 떼서 붙이는 것을 먼저 보여 줄게
요." 스티커를 붙일 때 최대한 동그란 원 안에 맞춰
붙여질 수 있도록 천천히 붙이는 모션을 극대화하여
보여준다.

3) 아이에게 권한다.

"이제 ○○이 차례예요." 여러 번 여러 색을 이용해서
붙일 수 있도록 개입하지 않고 시간을 준다.
출력물 하나를 다 붙였을 시 "더 붙여보고 싶나요?"
라고 묻는다.
더 붙여보고 싶다면 도안을 하나 더 가져와서 붙일
수 있도록 유도해 준다.

그만하고 싶다고 하면 작품을 보관하고 준비물들을
제자리에 갖다 놓는다.

목적
동그란 스티커와 출력물의 크기가 똑같기 때문에 정확한 위치에
붙이는 과정에서 집중력 향상에 도움이 된다.
눈과 손의 협응력을 이끌 수 있다.
끈적끈적한 스티커를 다루는 감각 탐색의 기회도 제공할 수 있다.

흥미점
스티커를 떼어 조심스럽게 같은 크기에 맞게 붙여보는 것
여러 형태의 원에 다양한 색을 구성해 보는 것
처음에는 미숙해도 지나면서 점점 완성도와 다양한 형태의
도전을 기록해 놓은 날짜에 따라 아이와 부모가 같이 볼 수 있는 점

주의점
출력물은 한곳에 보관되어 여러 장을 한 번에 가져가는 것이 아니라
한 장씩 가져가서 붙이고 한 장을 다 완성하면 다시 보관된 곳에 가서
한 장을 가져와야 한다.
아이가 구성된 원 형태를 벗어나 붙이거나 다양한 색을 쓰지 않거나 해도
절대 부모가 개입하지 않는다.
활동을 다 끝마쳤을 시 아이가 스스로 껍질을 쓰레기통에 버리게 해야 한다.

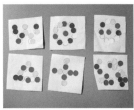

영유아를 위한 **몬테소리 요리**

Cooking
at Montessori Home

"아이에게 좋은 음식을 제공하는 것이 필요하지만,
그것은 여전히 교육적인 행동임에 틀림 없다"
Maria Montessori, The Montessori Method

영유아 요리 활동의 의미

글
추교진

걸음마 아이들도 요리 활동이 가능하다.

걸음마 아이들이 요리 활동에 적극 참여하는 모습을 상상해 본 적 있는가? 적어도 필자의 경우, 출산 이전에 가지고 있던 생각을 떠올리면, 이 시기의 아이들은 매우 어리기 때문에 부모의 주도 하에 식생활이 이루어지는 것이 당연하며, 아이는 주어진 것을 수동적으로 받아서 먹는 것이 자연스럽다고 생각했었다. 따라서 요리 활동이 걸음마 아이에게 가능할 것이라는 것은 생각하지 못했던 부분이다. 하지만 '요리 활동의 교육적 의미를 강조하고, 요리의 전 과정에 아이들이 직접 참여하도록 안내하는 몬테소리 교육'을 접하게 되면서, 일상생활에서 걸음마 아이들의 요리 활동이 왜 중요한지 이해하게 되었고, 0-3세 아이들도 다채로운 요리 활동에 참여할 수 있음을 경험하게 되었다. 또한 이를 통해 생각지도 못했던 아이들의 변화와 성장 또한 관찰할 수 있었다.

그렇다면 몬테소리 교육에서 말하는 요리 활동의 정의는 무엇일까? 요리 활동은 일상생활 연습 중 아이들이 제일 좋아하고 흥미를 느끼는 영역으로, 몬테소리 일상생활 영역(자기 자신에 대한 배려, 환경에 대한 배려, 예의범절, 물건의 이동) 모두를 포괄하는 것이다. 구체적으로 살펴본다면, 아이들이 스스로 손을 깨끗이 하고, 주방 환경을 돌보고, 요리할 소재 및 식기를 운반하며, 음식을 만드는 과정이 포함되는 것이다. 또한 예의범절을 지켜서 친구

및 손님을 초대하고, 테이블을 세팅하며, 준비한 음식을 함께 나누어 먹는 과정 또한 포함된다. 더 나아가 설거지 및 식기 정리를 하는 마무리 과정까지 요리 활동의 시작부터 끝의 모든 과정이 포함되어 있는 것이다.

Dr. 몬테소리는 요리 활동을 통해 아이가 어른의 동반자가 될 수 있게 해야 한다고 하셨는데, 그 이유는 어린아이 일지라도 다양한 일상생활에 직접 참여하는 것이 가능하다는 믿음 때문이며, 아이에게 일상생활의 삶은 매우 중요하고 그것을 존중하는 관점을 바탕으로 하기 때문이다. 물론 아이들이 요리 활동에 직접 참여하면 어른의 수고로움은 따를 수밖에 없다. 아이의 참여로 인해 작업 시간이 길어지고, 일의 효율이 떨어지기 때문이다. 효율성이라는 측면으로만 본다면, 아이의 요리 활동 참여는 상당히 비실용적이라고 느낄 수 있다. 하지만 몬테소리 교육 철학을 이해하고 요리 활동에 아이와 함께 해본 부모들의 이야기를 들어보면 전혀 다른 관점으로 이해하게 된다.

아이들은 우리가 상상했던 것보다
더 많은 일을 할 수 있다.

아이들이 걷기 시작하고, 두 손이 자유로워지면서 요리 활동에 조금씩 참여할 수 있게 된다. 자신의 그릇을 직접 가져오고, 식사에 주도적으로 참여하는 것이다. 또한 16-18개월 정도 되면 식재료를 잘라보며 간단한 요리 활

동을 함께하게 된다. 더 나아가 활동이 끝나면 사용한 식기를 정해진 자리에 스스로 정리하기도 한다.

과연 이게 가능한 것일까? 눈으로 보기 전까지는 이론에 불과한 이야기라고 생각할 수 있지만, 실제로 가능한 일이다. 필자의 쌍둥이 아이들도 16개월 이전부터 간단한 요리 활동에 참여해 왔고, 27개월인 지금 몬테소리 음식 영역에서 안내하는 다양한 활동을 즐기며, 식기 정리 및 설거지까지 참여하고 있다. 아이들은 다양한 요리 활동을 통해 많은 경험을 하고 성장했다. 요리 활동에 주체적으로 참여하는 태도, 재료를 끝까지 다듬는 집중력과 의지, 식기의 위치를 기억해서 가져오고, 정리까지 직접 하는 일련의 과정을 통한 자신감 형성도 엿볼 수 있었다. 또한 먹지 않던 식재료에 관심을 갖고 즐겨 먹게 된 것, 요리 과정에서 아이와 밀도 있게 상호작용하고, 눈맞춤하며 온전히 집중하는 등, 아이의 의도를 읽고 함께 상승하는 관계를 형성할 수 있었다. 실제로 아이와 다양한 요리 활동을 함께하면 아이들의 많은 능력을 발견하게 된다. 아이들은 우리가 상상했던 것보다 더 많은 일을 할 수 있기 때문이다.

자. 첫째, 요리 및 음식에 대한 현실적이고 구체적인 정보를 경험하게 된다. 가공되지 않은 자연 상태의 음식을 아이에게 제시하고, 이를 통해 아이가 음식에 대한 정확한 정보를 흡수하고 이해할 수 있다. 예를 들어, 아이에게 사과를 준다면, 껍질을 깎고 잘라내어 정돈된 모습을 주는 것이 아니라, 사과의 완전한 모습으로 제시하여 직접 만져보고, 냄새 맡아보고, 잘라보고, 내부의 씨앗을 보는 등 다양한 감각적 경험을 하도록 돕는 것이다. 둘째, 재료를 다듬고 식기를 정리하면서 소근육, 대근육의 사용으로 인한 협응된 운동을 가능하게 한다. 셋째, 언어 발달을 촉진한다. 요리 활동을 통해 음식 준비에 사용되는 식기의 이름, 재료의 질감을 표현하는 언어, 음식 만들 때 쓰는 다양한 표현을 자연스럽게 흡수하게 된다. 넷째, 수학적 개념 형성에 도움이 된다. 음식 준비 과정에서 함께 식사하는 사람의 인원수를 세기도 하고, 식기와 사람의 1:1 대응에 대한 것을 이해하게 된다. 그리고 다 먹고 나서 음식이 사라지는 것을 통해 0의 개념도 이해하게 된다. 다섯째, 음식 활동에 직접 참여하며 자기 존중감을 느끼고, 공동체 구성원으로 자신의 역할을 체험하게 된다.

요리 활동이 제공하는 교육적 목적

그렇다면 몬테소리 요리 활동의 교육적 목적이자, 요리 활동을 통해 아이가 얻을 수 있는 면에 대해 살펴보도록 하

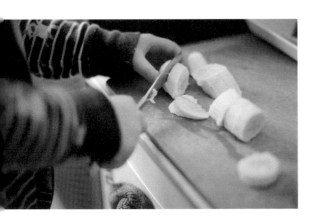

요리 활동에 필요한 준비된 환경

물론 몬테소리 요리 활동이 가능하려면 그와 관련된 준비부터 갖추어야 할 것이다. 그렇다면 몬테소리 요리 활동 준비에 대해 살펴보도록 하자. 첫째, 음식 준비 활동을 알아보자. 이는 음식 준비를 위한 활동으로 아이들이 과일과 채소를 자르고, 크래커에 치즈를 바르고, 라임수를 짜내는 등의 간단한 음식과 요리, 음료를 준비하는 것을 의미한다. 또 아이들은 피자나 파스타와 같은 정교한 요리를 준비하고 과일 및 샐러드를 만들기 위한 사과 썰기, 바나나 썰기와 같은 썰기를 할 수도 있다. 그리고 또 빵이나 샐러리 스틱에 땅콩버터를 바르는 등의 활동도 할 수 있다. 이를 위해 요리 활동에 필요한 도구를 준비하고, 교구장에 세팅한다. 또한 음식 재료를 다 사용하고 나면 교구장에

서 빼내어 활동이 끝난다는 것을 아이들이 인식하게 돕는다. 요리 활동은 특정 시간에만 하는 것이 아닌, 항상 환경에 노출되어서 재료가 있는 한 언제든 접근 가능하도록 배려한다. 아이가 둘 이상일 경우, 순차적으로 작업할 수 있게 안내하도록 한다.

둘째, 식기 및 테이블보 준비에 대해 알아보자. 식기 준비를 위해 식기 보관 찬장을 환경에 구비한다. 식기 보관 찬장에는 식사 및 요리 활동에 필요한 모든 것을 보관한다. 접시, 컵, 냅킨, 주전자 등이 여기에 포함된다. 내부가 보여서 아이가 쉽게 찾을 수 있는 형태가 좋으며, 오픈된 형태의 장에는 커튼을 쳐서 먼지가 들어가지 않도록 할 수 있다. 또한 테이블보를 가져와 준비한다. 테이블보에는 안내선이 있어서 아이들이 안내선에 맞추어 식기를 직접 놓을 수 있다.

셋째, 음식을 제공할 때는 먹을 수 있는 양을 먼저 제공하고, 이후 더 먹고 싶은지 질문하여 추가로 음식을 먹을 수 있게 안내한다. 식사가 축복이 되도록 하기 위해, 음식을 단순히 먹어 치우는 것이 아닌 감사의 마음을 표현하는 것을 보여주고, 가정 문화에 맞게 음식을 덜어 먹도록 준비한다. 또한 물을 마시고 싶을 땐 언제든 다가가 마실 수 있는 환경을 준비한다. 식탁에 컵과 물 주전자를 항상 준비해 두는 것도 방법이다. 냅킨 또는 물수건을 준비하여 식사 후 스스로를 돌볼 수 있게 배려한다.

넷째, 요리 활동 뒷정리를 하도록 한다. 이를 위해 먼저 식기 정리 카트를 준비하여 배치해 둔다. 음식을 먹고 나면 정리 카트에 식기를 정리하는데, 여기엔 접시와 컵 등의 윤곽선이 그려져 있어서 아이가 스스로 식기를 정리할 수 있게 되어있다. 또한 옆에는 음식물 쓰레기통과 주걱을 두어, 아이가 스스로 남은 음식물을 쓰레기통에 담도록 한다. 이외에도 주방에는 아이가 사용할 수 있는 요리 기구를 두어 원할 때 활동에 참여하도록 배려한다. 또한 사용한 테이블 매트와 물수건을 정리할 바구니를 두고, 청소 도구를 곁에 두어 주변의 더러운 것을 정리하고 손을 씻으며 마무리할 수 있다.

요리 활동은 몬테소리 일상영역의 모든 과정을 포함하는 것으로, 이를 통해 아이들은 자신을 돕고, 다른 사람을 도우며, 환경을 돌보고, 좋아하는 것과 싫어하는 것을 발견할 기회를 얻게 된다. 이는 아이가 일상에서 새로운 것을 시도하는 데 도움이 되며 기쁨을 가져다준다. 우리가 아이의 본성을 이해하고 아이를 배려하는 환경을 만들어 요리 활동을 시도할 수 있게 이끌어준다면 요리활동을 통한 아이의 충만한 경험은 자연스럽게 이루어질 수 있을 것이다.

영유아의 요리 활동실천의 필요성

글
김
수
경

0-3세는 신체와 정신의 조화로운 균형을 이루는 중요한 시기이다. 매일 섭취하는 음식을 통해 탄수화물, 단백질, 지방, 무기질, 물 등 6가지 필수 영양소를 공급받으며 뇌와 신체를 건강하게 발달시킬 뿐만 아니라 가정과 공동체에서 다양한 음식 관련 활동 및 경험을 바탕으로 마음 또한 건강히 키워나갈 수 있다. 이처럼 생존의 목적 외에도 다양한 역할을 하는 음식에 대해 몬테소리 교육의 관점에서 네 가지로 정리해 보았다.

첫째, 음식은 태아기부터 타인 및
새로운 환경과 연결하도록 돕는 매개체이다.

인간은 삶의 아주 초기 단계인 태아기부터 어머니에게 제공받은 영양분을 통해 첫 인간관계와의 연결을 형성한다. 탄생 이후 신생아시기부터는 모유 수유를 통해 어머니와 긴밀한 신체 접촉을 유지하며 안정감을 확보한다. 앞으로 경험할 음식들의 첫인상이 되는 모유 수유를 통해 스스로 신체를 움직여 음식을 받아들일 준비를 하고 새로운 환경에서의 적응을 준비한다. 이 시기 강압적으로 수유하기보다는 아이가 감각적으로 탐색하고 자유롭게 선택해 모유를 먹을 수 있도록 지원하는 것이 중요하다. 또한, 아이의 첫 음식이 되는 모유수유는 신생아뿐만 아니라 산모에게도 아주 중요한 역할을 한다. 출산 후 갑작스러운 상실감으로부터 회복할 수 있도록 돕고 심적 위안을 제공하는 등 상호 관계에 아주 중요한 역할을 한다.

둘째, 음식은 아이의 건강한 분리와 독립을 돕는 밑바탕이 된다.

생후 5개월의 아이는 곧 '이유식의 민감기'를 경험하게 된다. 고형식을 시작하는 이 시기의 아이는 어머니와 분리하여 자신의 고유한 정체성을 구축할 준비를 한다. 신체적, 정신적으로 건강한 독립을 준비할 시기가 찾아온 것이다. 아이 크기에 맞고 스스로 접근할 수 있는 식탁과 의자, 식기류, 두툼한 유리컵 등을 준비해 부모와 마주 보고 식사할 수 있도록 돕는다면 아이는 타인에게 의지하는 존재에서 스스로를 돕는 고차원적인 존재로 거듭나게 된다. 다만 이 시기에는 아이가 먹어야 할 특정한 양을 고집하는 대신 자신의 신체 감각을 통해 음식을 조절하는 경험을 할 수 있도록 지원하는 것이 중요하다.

**셋째, 음식은 자신이 속한 환경의 구성원으로서
기여하고 마음을 표현하는 기회를 제공한다.**

12개월 이후의 아이는 음식문화를 통해 가족과 공동체의 일원으로서 기여할 수 있는 기회를 접하게 된다. 일상 속 음식과 관련된 다양한 활동을 통해 자신이 속한 문화를 감각적으로 배우고 자기효능감과 자기조절력을 키우는 동시에 나아가 감사, 존중, 이타심을 배우게 된다. 하루 여러 번 반복되는 음식문화 활동에 아이가 적극적으로 참여할 수 있도록 환경을 지원하고 기다려준다면 어느 날 아이가 물을 떠다 주고 냅킨을 준비해 주는 등 일상 속에서 자연스럽게 사랑을 표현하는 모습을 발견할 수 있을 것이다.

마지막으로, 실수는 배움의 또 다른 이름이다.

아이는 세상의 경험을 통해서 지식을 얻는 존재로 다채롭고 창의적인 음식 활동에는 그만큼 다양한 실수가 따른다. 아이의 실수에 의연하게 대처하고 함께 바로잡는 모습을 모델링하는 것은 아이가 일상 속에서 자연스럽게 유연성과 의지력, 문제해결력을 체득하는 소중한 기회가 된다. 아이를 관찰하며 흥미 있어하는 활동을 파악해 보고 단계적으로 접근하는 지혜를 발휘해 아이와 함께 성장할 수 있다.

이처럼 우리의 일상을 다방면에서 풍요롭게 해주는 음식은 사람과 사람, 나아가 사람과 환경을 연결하는 마음의 다리이자 건강한 독립의 밑바탕이 된다. 몬테소리 교육에서 중요시하는 3요소는 아이, 준비된 환경, 훈련된 어른으로 적절한 제한을 설정하고 아이 스스로 접근 가능한 환경을 지원해 준다면 아이는 곧 제한 속에서 더 큰 자유를 누릴 것이다. 이 책에서는 우선 걸음마 아이와 함께 할 수 있는 만들기, 다듬기, 굽기, 자르기, 섞기, 빻기, 짜기 등 25가지 이상의 다양한 요리 활동을 소개한다. 이후 반복의 과정을 통해 아이는 신체와 정신의 최대 에너지를 쏟으며 집중과 몰입을 통해 정서적, 지적, 도덕적 통합을 이루어 정상화에 다다를 것이다. 삶은 곧 교육이며 아이는 우리의 든든한 협력자이다. 일상에서 아이와 함께하며 행복을 발견하는 기쁨의 순간을 만끽하기를 바란다.

소중한 추억으로 남아있는
어린 시절 부모님과 함께 한 요리

글 서지수
프레셔스 원스 대표

평생을 좌우하는 사소한 습관과 생각의 방향성이 만들어지는 어린 시절은 매우 중요한 시점이고 경험을 통해 스스로 깨우치고, 배워가는 과정은 친구들이 뛰어놀며 웃는 매일의 일상 속에서 시작될 수 있다고 생각했다. 아이들이 왜 요리를 배워야 하는지, 아이들에게 왜 요리를 알려주고 싶은지 나의 이야기부터 시작하려 한다.

생활 속 교육의 무대:
나의 어린 시절이 떠오른다. 주말 아침마다 채소를 싫어하는 나와 내 동생을 위해 손수 샌드위치를 만들어 주시던 아빠의 뒷모습과 매일 우리 남매의 저녁을 맛있게 만들어 주시던 엄마의 뒷모습은 주방 식탁 의자에 앉아 바라보던 내가 가장 좋아하는 모습이기도 했다. 주방에는 날카로운 가위와 칼도 있고, 또 깨질 수 있는 유리, 그릇들이 아주 많았기에 어머니는 항상 조심해야 한다고 말씀하셨고, 그래서 주방은 아이 출입 금지! 구역인 것만 같았다. 부모님이 나를 위해서 요리를 해주는 공간이자 내가 쉽게 다가갈 수 없다는 느낌의 이 공간은 내게는 항상 궁금증을 자아내는 곳이었다. 부엌은 엄마가 항상 요리하시고 내가 멀리서 지켜봐 왔던 공간이기에 나에게는 멀지만 친숙한 공간이었다.

안전하고 절제된 환경과 규범:
아이로서 궁금증과 호기심이 점점 커지던 어느 날, 드디어 아이들을 위한 작은 도마와 어린이 칼이 생기고 앞치마를 둘러매고 부엌에 나의 자리가 생겼다. 나에게 딱 맞는 의자와 테이블이 있었고 부모님은 내가 요리를 할 수 있는 공간을 만들어 주셨다. 요리하기 전에는 손을 깨끗이 씻고 의자에 앉아서 두근두근한 마음으로 무엇을 할지 인내심을 가지고 기다렸다. 당근을 작게 자르기, 상추 끝을 다듬기, 버터와 설탕 섞기를 시작으로 엄마가 선물처럼 만들어 주신 환경 속에서 나는 엄마와 함께 우리 집 요리사가 되는 첫발을 떼게 되었다. 하지만 요리의 끝은 여기까지가 아니었다. 바로 설거지! 우리가 열심히 요리한 주방은 사용한 그릇들과 집기들로 가득했다. 따뜻한 물로 음식물이 묻은 그릇들을 불리고, 어머니가 세제를 묻힌 수세미로 깨끗하게 그릇을 닦아 주시면 나는 옆에 서서 비누 거품을 씻어냈다. 동생과 아빠는 씻어낸 그릇의 물기를 깨끗하게 닦아 선반에 넣어 주었다. 주도적으로 해 낼 수 있도록 만들어 주신 나의 공간과 나의 일. 안전한 환경 속에서 해 낼 수 있었기에 나는 무엇보다 편안함과 안정감을 느꼈다.

이렇게 나의 어린 시절은 함께 한 가족과 음식 만들기에 주도적으로 참여했던 요리하는 과정과 그 결과물로 온 가족이 함께 즐길 수 있는 식사는 어른이 된 지금도 소중한 기억으로 남아있다. 그 안에서 부모님의 사랑과 보살핌을 느낄 수 있었고 또 스스로 결정하는 방법을 배우고 생활 속의 작은 것부터 큰 것까지 경험하고 학습한 시간이 어른이 된 지금의 나에게는 무너지지 않고 해 낼 수 있는 힘의 원동력이 되었다. 요리활동에는 시간이 오래 걸리고, 기다려야 하고, 또 반복해야 하는 어려워 보이는 과정들도 있지만, 그 안에서 인내심, 조심성, 그리고 신중함을 배울 수 있었다.

좋아하는 음식을 만드는 평범한 일상 속에 내가 어릴 때 보고 경험하고, 배우고 성장할 수 있게 만들어 준 즐거운 시간을 지금도 어린이 친구들에게도 고스란히 물려주고 싶다.

우리 다음 세대를 생각하며 귀하고 소중한 어린이들만을 온전히 생각하고 그들의 순수한 행복을 추구하는 0~3세 몬테소리 엄마들과 함께하는 요리를 프레셔스 원스 운영자인 나 또한 진심으로 응원한다.

"일상생활 연습에 대해 가장 먼저 깨달아야 할 것은
그들의 목표가 실제적인 것이 아니라는 것이다.
실제적인 기능을 단련시키는 것이 아니라
삶이라는 단어에 중점을 두어야 한다.
그들의 목표는 삶의 발달을 돕는 것이다."
E. M. Standing, 마리아 몬테소리: 그녀의 삶과 일

(조리사) 안용덕 님

평범한 한 아이의 할머니에서 몬테소리 부모협동조합 어린이집의 조리사로 근무한 지도 어느덧 1년이 다 되어간다. 처음 어린이집의 문을 두드렸을 때는 아이들의 입맛을 맞출 수 있을까라는 두려움과 불안한 마음이 들기도 했다. 아파트를 개조한 어린이집이라 주방과 교실 공간이 함께 있어서 설거지나 칼 질을 할 때 어깨와 팔에 힘이 잔뜩 들어갔다. 요리하는 소음이 방해가 될까 염려가 있었기 때문이다. 하지만 걱정하던 것도 잠시 아이들은 내가 요리하는 모습을 보는 것을 좋아했다. 한 번은 의자를 주방 앞에 두고 앉아 "이것은 뭐예요? 무엇을 만드는 거예요?"라고 묻기도 했다. 아이들은 내 예상처럼 요리하는 것을 즐겼다. 몬테소리 선생님들은 아침부터 분주하다. 매일 계란을 삶고 사과, 바나나 등 과일을 썰고 레몬을 세척하는 등 아이들의 음식영역 교구 준비를 한다. … 우리 아이들은 요리 작업 외에도 설거지하기, 청소하기, 신발 끈 묶기, 혼자 옷 입기 등 자발적으로 할 수 있는 일을 하며 소근육과 대근육이 발달한다. 우리 손녀를 볼 때에도 몬테소리를 통해 자아존중감과 독립심, 자주성이 길러지는 것이 느껴진다.

글 이유경

어른들에게 요리는 번거로운 일이지만, 아이들에게는 매우 행복한 시간이라는 것을 알리고 싶다. 개인적으로 아이와 놀이동산을 갔을 때의 기억보다 요리를 하며 나눈 소소한 이야기들이 더 오랫동안 기억에 남는다. 시간이 지나면서 점점 색다른 요리들을 하며 능숙 해지고 발전하는 아이의 모습이 감격스럽다. 이제는 많이 커서 스스로 간식을 챙겨 먹는 모습을 보면 대견하고 그 순간이 한순간으로 지나갔음이 아쉬워진다.

가정에서의 요리 활동
만들기

파스타
반죽하기

글 김민영

<u>제공나이</u>   24개월 이상

<u>준비물</u>   밀가루 100g,
계란 1개 (실온에 미리 빼놓는다)
믹싱볼, 면을 담을 그릇, 포크,
디스펜서(밀가루를 담아서 뿌리는 용도),
손걸레(미리 물을 적셔 놓는다),
손걸레 접시,
나무 쟁반 (교구 전체를 담을 용도)
앞치마(어른용, 아이용)

<u>**초대**</u>

"오늘은 엄마랑 파스타를 반죽해 볼 거예요."
손을 씻고, 앞치마를 입는다.

1) 준비된 요리 재료와 도구의 이름을 알려준다.

2) 작업하는 것을 직접 보여주면서 아이에게 권한다.

밀가루 반죽을 하기 위해 믹싱볼에 밀가루 100g 먼저 붓는다.

"엄마가 먼저 붓고, ○○이가 부어볼게요." 밀가루 가운데 구멍을 만든다. 구멍 안에 계란 한 개를 넣는다.

포크로 밀가루와 계란을 섞는다. "엄마가 먼저 섞고, ○○이가 섞어볼 게요."

밀가루와 계란을 섞은 후, 볼에서 꺼내 식탁 위에서 주무른다. "○○이도 반죽해보아요."

반죽이 손바닥에 달라붙지 않을 때까지 주무른다. "○○이가 반죽에 밀가루를 뿌려줄래요?"

디스펜서로 밀가루를 뿌린다.

파스타 기계의 단계를 0에서 6까지 올려가면서 반죽을 납작하게 만든다.

"엄마가 먼저 손잡이를 돌려볼게요. 그 다음에 ○○이도 돌려보아요."

아이가 손잡이를 돌리면 납작해져서 나오는 반죽을 잡아준다.

면을 뽑는 롤러로 손잡이를 옮긴 후, 면을 뽑는다.

"엄마가 먼저 손잡이를 돌려볼게요. 그 다음에 ○○이도 돌려보아요."

쟁반에 면을 담은 후, 밀가루를 뿌린다.

"○○이가 면에 밀가루를 뿌려줄래요?" 면이 달라붙지 않도록 밀가루를 충분히 뿌려준다.

사용한 물건을 싱크대로 옮긴다. "식탁 위에 밀가루가 있네요. 행주로 닦아보아요."

면을 만든 후, 불을 사용하는 조리과정은 엄마가 한다.

목적

파스타 반죽을 하는 기술을 배우면서 운동의 협응력과 조절력을 기른다.

음식이 만들어지는 순서의 이해력을 도울 수 있다.

요리의 완성을 통해 자신감을 키워준다.

흥미점

밀가루 반죽을 만지는 것

파스타 기계를 돌리는 것

반죽이 납작하게 나오는 것, 면이 나오는 것을 보는 것

주의점

파스타 기계를 테이블과 단단히 고정시킨다.

기계의 손잡이가 빠질 수 있으므로 아이의 발에 떨어지지 않도록 주의한다.

반죽이 얇아질수록 달라붙기 쉬우니 밀가루를 뿌리며, 아이와 협력을 한다.

봄 내음 솔솔
쑥떡을
만들어요

글 김혜미

제공나이   22개월 이상

준비물   습식 쌀가루 250g,
쑥가루 2T,
따뜻한 물 50ml,
참기름,
떡도장 2개,
스푼, 볼, 도마, 행주,
테이블매트, 찜기

<hr>

초대

"길가에서 쑥 본적 있지요? 오늘은 그 쑥으로 떡을 만들어 봐요."
손을 씻고, 앞치마를 입는다.

1) 준비된 요리 재료와 도구의 이름을 알려준다.

"이것은 떡 도장이에요. 떡 도장. 반죽 위에 꾹 누르면 수선화 문양, 이것은 국화 문양이 생겨요."

2) 작업하는 것을 직접 보여주면서 아이에게 권한다.

준비한 쌀가루와 쑥가루를 섞는다.
"하얀 쌀가루가 색이 점점 변하고 있지요?"
따뜻한 물을 조금씩 넣으며 반죽한다.
반죽을 굴려 작고 동그랗게 만든다.
마음에 드는 문양의 떡 도장을 고른다.
"수선화를 찍어볼까요? 국화를 찍어볼까요?"
"반죽 위에 두고 지그시 눌러보세요."
이때 참기름을 사용하여 눌러 붙지 않도록 한다.
"예쁜 꽃 무늬가 생겼지요?"
찜기에 15분 정도 찐다.

정리

사용한 물건을 싱크대로 옮긴 후 앞치마를 벗어서 제자리에 정리한다.

<u>목적</u>
전통 음식을 만드는 실제적 기술을 배운다.
식문화를 배우며 삶의 적응력을 높인다.
떡 도장을 사용하며 운동의 협응력과 조정력, 소근육을 발달시킨다.

<u>흥미점</u>
봄에 산책하며 관찰한 쑥을 식재료로 사용한다.
쑥 향기를 맡고 색을 보며 감각적 탐색을 한다.
한국 전통 문양과 음식을 알게 된다.

겹겹이
샌드위치

글 **현소이**

제공나이 18개월 이상

준비물 잼(수제), 식빵(1장을 4분의 1로 잘라놓기),
잼 바르기용, 티스푼, 집게,
나무 트레이, 나무 도마 (요리작업용),
접시 2개 (식빵 담는 용, 잼 바른 식빵 담는 용),
미끄럼 방지받침(집게, 잼 스프레더,
티스푼 받침용), 작은 그릇, 앞치마

초대

"오늘은 엄마랑 잼 샌드위치를 만들어 볼 거예요."
손을 씻고, 앞치마를 입는다.

1) 준비된 요리 재료와 도구의 이름을 알려준다.

2) 작업하는 것을 직접 보여주면서 아이에게 권한다.

식빵 한 조각을 나무 도마 위에 올린다.

티 스푼으로 잼을 떠서 식빵 위에 올린다.

잼을 바른 식빵 위에 새로운 식빵 한 조각을 덮는다.

완성한 식빵을 접시에 옮겨 담는다.

정리

사용한 물건을 싱크대로 옮긴 후 앞치마를 벗어서 제자리에 정리한다.

완성된 요리를 맛본다.

목적

운동의 협응력과 조정력을 기른다.

인간의 경향성, 흡수정신, 민감기를 도와준다.

모든 작업의 논리적인 순서의 이해력을 도울 수 있다.

흥미점

잼이 떨어지는 것을 보는 것

잼 스프레더로 잼을 펴 바르는 것

잼 바른 식빵을 먹는 것

주의점

아이가 좋아하는 잼을 미리 파악한 뒤 제공하는 것이 좋다.

식빵의 개수도 2개 이하가 좋다. 식사가 아닌 간식개념으로 요리활동을 할 수 있도록 돕는다.

잼이 책상에 많이 묻을 수 있으니 젖은 행주를 준비해주는 것이 좋다.

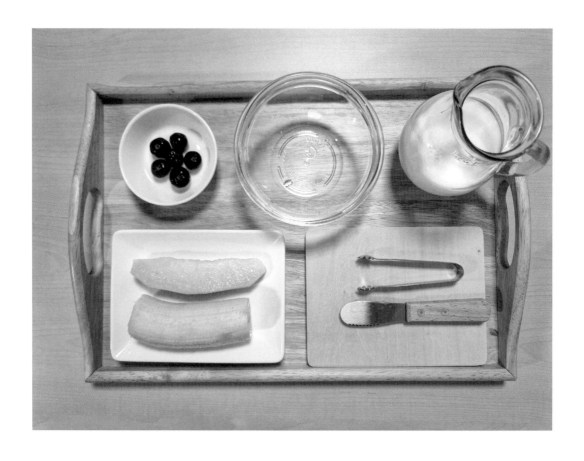

새콤 달콤
과일 화채

글 **최미란**

제공나이	18개월 이상
준비물	바나나, 멜론, 블루베리, 화채 그릇, 우유가 담긴 작은 저그, 칼(날카롭지 않은 버터나이프 등), 도마, 집게, 쟁반, 앞치마

초대

"오늘은 엄마랑 화채 만들기를 해 볼 거예요."
손을 씻고 앞치마를 입는다.

1) 준비된 요리 재료와 도구의 이름을 알려준다.

2) 작업하는 것을 직접 보여주면서 아이에게 권한다.

"먼저 바나나를 잘라볼게요. 바나나를 어떻게 써는지 잘 보세요."

한 손으로 바나나를 고정하고, 한 손으로 칼을 가져와 바나나를 썬다.

쟁반에서 집게를 가져와 잘린 바나나 조각을 집어 화채 그릇에 넣는다.

"이제 ○○가 엄마처럼 잘라서 그릇에 넣어주세요."

반복해서 모든 재료를 잘라서 그릇에 넣는다.

"이제 과일을 모두 담았어요. 과일이 담긴 그릇에 우유를 부어볼게요. 잘 보세요."

한 손으로 우유 저그를 들고 다른 한 손으로 받친 후 그릇에 저그 입구를 대어 우유를 붓는다.

"이제 ○○가 엄마처럼 우유를 부어주세요."

"이제 과일 화채가 완성되었어요."

정리

사용한 물건을 싱크대로 옮긴 후 앞치마를 벗어서 제자리에 정리한다.

완성된 요리를 맛본다.

목적

과일을 자르는 실제적인 기술을 배운다.

적당량의 우유를 부으며 협응력과 조절력을 기른다.

집중력이 발달하고 논리적 순서에 대한 이해력을 높인다.

흥미점

과일을 자르는 것

집게를 사용하여 과일을 담는 것

우유를 화채 그릇에 붓는 것

주의점

미리 과일을 잘라서 준비해둔다.

과일이 변색되지 않도록 랩을 씌워 둔다.

우유는 적당량을 준비해 준다.

팝콘이 펑!

글 **최영은**

제공나이 18개월 이상

준비물 팝콘용 옥수수,
소금 약간, 허브 약간,
식용유 1Ts
전자레인지용 용기와 뚜껑,
스푼, 접시, 집게

초대

"오늘은 팝콘 만들기 활동을 해볼거예요."
손을 씻고, 앞치마를 입는다.

1) 준비된 요리 재료와 도구의 이름을 알려준다.

2) 작업하는 것을 직접 보여주면서 아이에게 권한다.

재료의 절반을 전자레인지용 용기에 넣고 스푼으로 골고루 섞는다.

전자레인지로 이동하여 용기를 넣고 1분 30초 가량 돌린다.

"전자레인지는 뜨거워서 엄마가 사용할게요."

"톡톡 튀는 소리가 들리나요? 옥수수 알이 팝콘이 되는 소리예요."

아이가 흥미를 가질 수 있도록 옥수수 알의 변화를 알려준다.

사용한 물건을 싱크대로 옮긴 후 앞치마를 벗어서 제자리에 정리한다.

완성된 요리를 맛본다.

목적
팝콘 만들기의 실제적 기술을 배운다.
운동의 협응력을 돕는다.
집중력을 높인다.

흥미점
옥수수 알이 팝콘이 되는 것을 보고 듣는 것
다양한 허브의 향을 맡아 보는 것. 레몬 껍질로 만든 레몬 제스트나 로즈마리가 팝콘과 잘 어울린다.
스푼으로 재료를 섞어 주는 것

주의점
팝콘용 옥수수는 유전자 변형이 되지 않은 유기농 옥수수로 선별한다.
전자레인지를 사용한 직후 용기는 매우 뜨거울 수 있으니 엄마가 오븐용 장갑을 착용하고 꺼내도록 한다.
식용유는 발열점이 높은 것으로 선별한다. 녹인 버터도 사용 가능하다.

동글 동글
치즈볼 과자

글 박유나

<u>제공나이</u>	14/16개월부터 (잘 걷고 팔에 힘이 잘 들어갈 수 있을 때부터)
<u>준비물</u>	치즈 1장 치즈 커팅기 1개 쟁반 2개 그릇 3개 전자레인지

초대

"오늘은 엄마랑 치즈볼 과자 만들기를 해볼 거예요."
손을 씻고, 앞치마를 입는다.

1) 준비된 요리 재료와 도구의 이름을 알려준다.

2) 작업하는 것을 직접 보여주면서 아이에게 권한다.

"치즈 커팅기에 치즈를 비닐채로 커팅기에 올려 놓아요." 치즈를 양손으로 커팅기 안에 집어 넣는다.

"이제 뚜껑을 닫고 꾹 눌러 줄게요! 세게 꾹 눌러 줘야 모양이 예쁘게 잘 잘라져요."

"○○이도 치즈를 넣고 뚜껑을 꾹 닫아 볼까요?" "모양대로 잘 잘렸나 뚜껑을 열어 볼까요?" 아이가 뚜껑을 연다.

"와! 모양이 예쁘게 잘 잘렸어요! 네모도 있고 하트도 있어요!"

"이제 치즈를 꺼내서 식탁 위에 내려 놓을게요." 치즈를 내려놓고 커팅기를 쟁반에 옮겨 놓는다.

"치즈의 비닐을 벗겨볼 거예요. 어떻게 하는지 잘 보세요."

왼손바닥으로 치즈의 아래부분을 눌러 고정시켜 잡고 오른손 엄지와 검지를 사용해 껍질 여는 부분의 끝을 잡고 접착 부분을 연다. 열린 윗부분 비닐을 오른손바닥으로 눌러 고정 후, 왼손 엄지와 검지로 잡고 비닐의 나머지 부분을 벗긴다.

"이제 열렸어요! 이제 치즈를 접시 위에 떨어트려 놓을 거예요."

벗겨서 열려진 위, 아래 부분을 잡고(치즈에 손x) 접시 위의 유선지에 뒤집어서 치즈만 떨어트려 놓는다. 껍질은 껍질을 놓는 그릇에 놓는다.

"치즈를 전자레인지에 넣고 돌려볼 거예요! 다 완성되면 치즈가 어떻게 변할지 한 번 볼까요?"

들고 전자레인지 앞으로 간다. "1분 동안 기다리면 치즈볼이 완성될 거예요!"

전자레인지를 돌리고 다시 식탁으로 가서 커팅기와 치즈 껍질이 담긴 그릇을 쟁반 안에 정리해 놓는다.

"이제 치즈볼이 완성되었어요! 그릇이 뜨거울 수 있으니까 엄마가 들고 갈게요." 그릇을 쟁반에 들고 식탁으로 가져간다. "치즈가 예쁘게 부풀어 올랐어요! 한 번 만져 보세요. 과자처럼 단단해졌어요."

사용한 물건을 싱크대로 옮긴 후 앞치마를 벗어서 제자리에 정리한다.

완성된 요리를 맛본다.

목적

치즈를 자르는 실제적인 기술을 배운다.

협응력과 조절력을 기른다.

집중력이 발달하고 논리적 순서에 대한 이해력을 높인다.

흥미점

커팅기를 양손으로 꾹 누르는 것

커팅기 모양대로 잘 치즈를 보는 것

전자레인지에 돌린 후 치즈 모양과 질감이 변하는 것

주의점

커팅기가 없으면 점토용 플라스틱 칼 혹은 버터 나이프 등을 이용해 모양을 낼 수도 있다.

전자레인지 돌린 치즈를 꺼낼 때 접시가 뜨거울 수 있으므로 엄마가 들고 가도록 한다.

치즈의 크기는 1×1cm 내외로 한다. 너무 크면 단단하게 굳지 않는다.

영양 만점
요술봉

글 백선미

제공나이	24개월 이상
준비물	미리 잘라 놓은 과일과 야채가 담긴 그릇 (과일과 야채는 각각 2~3종류) 집게, 접시 2개 (과일과 야채 운반 용도, 완성된 꼬치를 담는 용도) 꼬치(14cm 정도의 사이즈/ 뾰족한 끝 자르기), 병(꼬치 담는 용도), 쟁반

초대

"오늘은 엄마랑 과일 야채 꼬치를 만들어 볼 거예요."
손을 씻고 앞치마를 입는다.

1) 준비된 요리 재료와 도구의 이름을 알려준다.

2) 작업하는 것을 직접 보여주면서 아이에게 권한다.

엄마가 집게를 사용해 준비된 과일과 야채를 종류별로 하나씩 접시에 담는다.

아이에게도 제시한 대로 옮길 수 있도록 안내한다.

과일과 야채를 다 담은 후, 엄마가 꼬치를 접시에 놓고, 아이도 꼬치를 접시에 놓는다.

엄마는 과일과 야채 중 한 가지를 왼손으로 잡고 오른손으로 꼬치를 잡고

위에서 아래로 꼬치를 꽂은 후, 왼손으로 다시 꼬치를 끝까지 꽂는다.

아이도 동일하게 꼬치를 꽂을 수 있도록 안내한다.

동일한 방법으로 모든 과일과 야채를 꼬치에 하나씩 꽂아서 완성한다.

완성된 꼬치를 놓는 접시 위에 엄마가 먼저 꼬치를 놓고 아이가 놓아 본다.

활동을 이어가지 않으면 정리한다.

정리

사용한 물건을 싱크대로 옮긴다.

완성된 요리를 맛본다.

목적

일상생활의 다양한 맛에 대한 적응력을 기른다.

운동의 협응력, 조절력을 배운다.

집중력이 발달한다.

흥미점

다양한 과일과 야채의 색과 향을 경험하는 것

집게를 사용해서 접시에 담는 것

꼬치를 위에서 눌러서 과일과 야채에 꽂는 것

주의점

끝이 뾰족한 꼬치는 잘라서 안전하게 만든다.

아이의 발달 상황에 따라 과일과 야채의 단단한 정도를 선택하여 단계적으로 활동한다.

과일과 야채 이외에 아이가 먹기 힘들어하는 음식으로 응용할 수 있다.

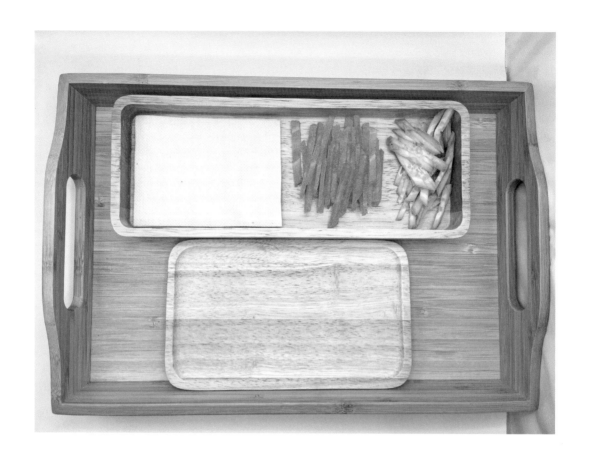

돌돌돌
두부쌈

글 유은선

<u>제공나이</u>	28개월 이상
<u>준비물</u>	두부쌈
	야채 2~3가지 (오이, 당근, 피망, 고기,
	햄, 맛살 등 다양하게 준비 가능)
	쟁반 1개, 작은 접시 2개(아이용, 엄마용),
	큰 접시 1개(완성된 쌈을 담는 용도)

초대

"오늘은 엄마랑 두부쌈 만들기를 해볼 거예요."
손을 씻고, 앞치마를 입는다.

1) 준비된 요리 재료와 도구의 이름을 알려준다.

2) 작업하는 것을 직접 보여주면서 아이에게 권한다.

두부쌈을 접시에 올리고 반찬 2~3가지를 두부쌈 위에 올린 후 아이도 해보도록 한다.

아이가 하고 난 다음 엄마는 두부쌈을 돌돌 말고 난 후 아이에게 해보도록 한다.

다 만든 쌈은 완성된 접시에 옮긴다.

아이가 해보도록 한다.

정리

사용한 물건을 싱크대로 옮긴다.

완성된 요리를 맛본다.

목적

의지력을 기를 수 있다.

눈과 손의 협응력을 돕는다.

반복을 통해 집중력이 발달한다.

흥미점

두부쌈을 만져보고 말아보는 것

야채를 골라서 넣어 보는 것

쌈을 만들고 나서 완성된 모양을 보는 것

주의점

두부쌈은 미리 데쳐서 식혀둔다.

야채는 미리 얇고 길게 썰어둔다.

두부쌈 위에 샌드위치 햄을 사용해서 조금 더 쉽게 쌈을 만들 수 있다.

우리 가족
웃음꽃
피자

글 곽희재

<table>
<tr><td>제공나이</td><td>20개월 이상</td></tr>
<tr><td>준비물</td><td>모짜렐라 치즈 약 150g,
잘린 양파 150g, 또띠아 1장
잘라진 햄, 토마토 소스(피자소스)
앞치마, 칼, 도마, 쟁반,
수저, 접시, 종이호일,
에어프라이어(오븐)</td></tr>
</table>

초대

"오늘은 피자를 만들어 볼 거예요."
손을 씻고, 앞치마를 입는다.

1) 준비된 요리 재료와 도구의 이름을 알려준다.

2) 작업하는 것을 직접 보여주면서 아이에게 권한다.

종이 호일 위에 피자 도우(혹은 또띠아)를 올려놓는다.

"종이 호일 위 또띠아를 올려놓은 후 수저로 토마토 소스를 골고루 펴서 발라준다.

"또띠아 위에 토마토 소스를 발라줄 거예요. 먼저 엄마가 해볼게요."

미리 손질해서 알맞은 크기로 잘라둔 토핑 재료 양파, 소시지, 모짜렐라 치즈를 토마토 소스가 발라진 또띠아 위에 각각 골고루 뿌려준다.

"이제 또띠아 위에 양파, 소시지, 치즈를 골고루 뿌려줄 거예요."

아이가 피자 토핑을 완성하고 나면 180도로 예열한 오븐에 피자를 넣고 9~10분 구워준다.

"오븐에 또띠아를 넣고 9~10분 구워줄 건데 오븐은 뜨거워서 엄마가 넣을 게요."

오븐에서 피자를 꺼낸다.

"완성된 피자는 접시로 옮길 거예요."

남은 음식들은 음식물 쓰레기통으로 가져가 버리고 사용한 물건을 싱크대로 옮긴다.

완성된 요리를 맛본다.

목적

피자를 만드는 실제적인 기술을 배운다.

운동의 협응력과 조절력을 키운다.

음식이 만들어지는 순서의 이해력을 도울 수 있다.

흥미점

피자 도우 (또띠아)에 토마소 소스를 골고루 바르는 것

재료를 골고루 피자 도우 위에 뿌리는 것

피자가 구워지면서 재료가 달라지는 모습을 발견하는 것

주의점

재료 준비 상황과 아이 기호에 따라 피자에 들어갈 재료를 선택해 넣을 수 있다.

해당 작업에 익숙해지면 발달 상황에 따라 재료 손질(칼 사용하여 재료 자르기),

초코펜으로 데코하기 등의 확장이 가능하다.

에어프라이어 사용에 주의해야 한다.

화전 꽃이
활짝
피었습니다

글 문지영

제공나이	18개월 이상
준비물	찹쌀가루 200g, 끓는 물 120g(조절 가능), 식용 꽃, 소금 약간, 들기름(혹은 식용유), 아가베시럽(혹은 꿀) 믹싱볼, 반죽용 실리콘 주걱, 접시, 후라이팬, 쟁반(교구 전체를 담을 용도)

초대

"오늘은 엄마랑 화전을 만들어 볼 거예요."
손을 씻고, 앞치마를 입는다.

1) 준비된 요리 재료와 도구의 이름을 알려준다.

2) 작업하는 것을 직접 보여주면서 아이에게 권한다.

반죽을 하기 위해 믹싱볼에 찹쌀가루 200g을 먼저 붓는다.

"엄마가 먼저 붓고, ○○이가 부어보도록 해요."

끓는 물을 반죽에 넣고 실리콘 주걱으로 잘 섞는다.

"물은 뜨거우니 엄마가 붓도록 할게요."

"엄마가 먼저 반죽을 섞고, ○○이가 섞어보도록 해요."

소금을 약간 넣어 간을 해준다. (생략 가능)

반죽이 손바닥에 달라붙지 않을 때까지 주무른 후 적당한 크기로 잘라 동그랗게 만들어 준다.

"○○이도 반죽을 동그랗게 만들어 볼까요?"

손으로 반죽을 눌러 납작하게 하고 식용 꽃을 올린다.

"○○이도 꽃을 반죽에 올려보도록 해요."

화전을 불을 사용하여 약불에 부치는 과정은 엄마가 한다.

정리

사용한 물건을 씽크대로 옮긴다.

완성된 요리를 맛본다.

(취향에 따라 아가베 시럽이나 꿀을 뿌려 먹는다.)

<u>목적</u>
찹쌀가루 반죽을 하는 기술을 배우면서 운동의 협응력과 조절력을 기른다.
음식이 만들어지는 순서의 이해력을 도울 수 있다.
요리의 완성을 통해 자신감을 키워준다.

<u>흥미점</u>
찹쌀가루를 섞어 반죽을 만드는 것
동그랗게 자른 반죽을 손으로 꾹 누르는 것
반죽에 꽃을 올리는 것

<u>주의점</u>
화전을 부칠 때 꽃 부분은 살짝만 부쳐야 타지 않는다.

아이와 부엌

가정 내에서 아이가 스스로 할 줄 아는 활동이 늘어나는 것은 정말 가치 있는 일이라고 생각한다. 아이가 식탁을 차릴 때 엄마아빠를 위해 수저를 놓고 나면 세상 뿌듯한 표정을 한 얼굴을 볼 수 있다. 그리고 당당한 자세로 자신이 뭘 더 도울 게 없는지 다시 부엌으로 돌아오는 모습을 종종 볼 수 있다. 때로는 본인의 생각대로 요리를 하고 싶어 하기도 하고 먼저 어떤 음식을 만들고 싶다고 말하기도 한다. 그럴 때마다 이렇게 어린아이도 가족 구성원으로 자신의 몫을 하려고 하는구나 하고 느끼게 된다. 이런 깨달음의 경험이 쌓일수록 나로 하여금 아이를 더 존중할 수 있는 어른이 되게 해주는 것 같다.

가정에서의 요리 활동

껍질 까기, 섞기, 빻기, 짜기

풋 콩
까기

글 고은비

제공나이   18개월 이상

준비물   풋 콩
쟁반, 접시, 앞치마

초대

"오늘은 엄마랑 콩 까기를 해 볼 거예요."
손을 씻고, 앞치마를 입는다.

1) 준비된 요리 재료와 도구의 이름을 알려준다.

"이것은 풋 콩이라고 해요."

2) 작업하는 것을 직접 보여주면서 아이에게 권한다.

"먼저 엄마가 해보고, 다음에 ○○이가 해보기로 해요."

정리

콩 껍질을 쓰레기통에 버린다.
사용한 그릇은 싱크대로 옮긴다.

목적
콩을 까는 실제적인 기술을 배울 수 있다.
몸을 움직이는 운동의 협응력과 조절력을 기른다.
집중력이 발달한다.

흥미점
콩 껍질 안에서 콩이 튀어나오는 모습을 보는 것
콩을 손으로 집어 그릇에 넣는 것
콩의 매끈한 질감과 콩껍질의 거친 질감을 느껴보는 것

주의점
콩의 크기가 작아 손에서 놓치는 경우가 있으나 아이의 활동을 막지 않는다.

쓱싹
오이를
벗겨요

글 추교진

제공나이	18개월 이상
준비물	오이 오이 다듬는 칼(필러), 그릇, 도마, 쟁반, 앞치마

초대

"오늘은 엄마랑 오이 다듬기를 해 볼 거예요."
손을 씻고, 앞치마를 입는다.

1) 준비된 요리 재료와 도구의 이름을 알려준다.

"이것은 오이 다듬는 칼이예요. 필러라고 해요."

2) 작업하는 것을 직접 보여주면서 아이에게 권한다.

"여기 오돌토돌한 돌기가 보이지요?
엄마가 먼저 오이 다듬는 칼로 다듬을 거예요. 그 다음에 ○○이도 하기로 해요."
왼손은 오이, 오른손은 칼을 잡고, 오이 돌기 및 껍질의 일부를 칼로 벗긴다.
껍질 담는 그릇에 껍질을 담는 것을 보여준다.
"더 해보고 싶나요?"
아이가 원하는 만큼 반복하도록 한다.

다듬은 오이는 통에 담아 냉장고에 보관한다.
오이 껍질은 음식물 쓰레기통에 버린다.
사용한 물건은 싱크대로 옮긴다.

목적
오이를 다듬는 실제적 기술을 배운다.
오이 돌기를 다듬으며 운동의 협응력, 조절력을 키운다.
식재료를 스스로 다듬고 정리하는 과정에서 자신감을 길러줄 수 있다.

흥미점
오이 돌기를 발견하는 것
한 손으로 오이를 잡고, 다른 한 손으로 오이를 다듬는 것
오이 다듬는 칼을 사용하여 돌기 및 껍질이 벗겨지는 것을 보는 것

주의점
오이 알레르기가 있는지 미리 확인한다.
오이 꼭지 부분은 농약이 몰려 있을 수 있으므로 제거하여 제공한다.
오이 껍질을 완벽하게 벗겨내는 것이 아닌, 오돌토돌한 돌기를 중심으로
오이 표면을 다듬는 것에 초점을 둔다.

길쭉길쭉
고구마순

글 박성희

제공나이   18개월 이상

준비물   소금물에 5분정도 담가 둔 고구마 순
접시, 쟁반, 앞치마

초대

"오늘은 엄마랑 고구마순 다듬는 활동을 해 볼 거예요."
손을 씻고, 앞치마를 입는다.

1) 준비된 요리 재료와 도구의 이름을 알려준다.

"고구마 순은 고구마 잎과 뿌리를 떼고 온 것이에요."

2) 작업하는 것을 직접 보여주면서 아이에게 권한다.

고구마순 하나를 잡고, 반대편 손 엄지 손톱으로 끝을 꾹 누른다.
약간 잡을 수 있는 부분이 생기면 집게손으로 잡아 밑으로 껍질을 벗긴다.
아이가 껍질을 벗겨보도록 권한다.

다듬은 고구마 순은 통에 담아 보관한다.
고구마 껍질을 음식물 쓰레기통에 버린다.
사용한 물건은 싱크대로 옮긴다.

목적
껍질을 벗기는 실제적인 기술을 배운다.
눈과 손의 협응력을 돕는다.
껍질을 벗기는 반복을 통해 집중력이 발달한다.

흥미점
껍질을 벗기기 위해 고구마 순의 끝을 엄지로 눌러보는 것
얇은 껍질이 벗겨지는 것을 보는 것
껍질을 벗긴 고구마순 속이 껍질 색과 다른 것을 보는 것

주의점
고구마 캐기 등 고구마의 잎과 줄기 뿌리의 전체를 보고 경험하는 활동을 먼저 하는 것을 추천하고,
잘 벗겨지지 않는 고구마 홍순보다는 청순을 먼저 제공한다.
고구마 순을 5분 정도 소금물에 담근 후 제공한다.
고구마 순의 끝을 잘 못 잡는 어린 연령의 경우 미리 양 끝에 칼집을 내준다.

고구마 껍질을 벗겨요

글 **이도경**

제공나이   14개월 이상

준비물   삶은 고구마
그릇, 쟁반, 앞치마

초대

"오늘은 엄마랑 고구마 껍질 벗기기 활동을 해 볼 거예요."

손을 씻고, 앞치마를 입는다.

1) 준비된 요리 재료와 도구의 이름을 알려준다.

2) 작업하는 것을 직접 보여주면서 아이에게 권한다.

한 손에 고구마를 잡고, 다른 한 손은 껍질을 천천히 벗긴다.

고구마 껍질을 담는 그릇에 껍질을 담는다.

아이가 고구마 껍질을 벗겨보도록 권한다.

고구마 껍질을 음식물 쓰레기통에 버린다.

사용한 물건을 싱크대로 옮긴다.

목적

껍질을 벗기는 실제적인 기술을 배운다.

눈과 손의 협응력을 돕는다.

껍질을 벗기는 반복을 통해 집중력이 발달한다.

흥미점

껍질을 벗기기 위해 집게 손가락을 사용하는 것

얇은 껍질이 벗겨지는 것을 보는 것

껍질을 벗긴 고구마와 껍질 있는 고구마와 색이 다른 것을 보는 것

주의점

삶은 고구마를 식혀서 제공한다.

고구마를 충분히 삶아서 딱딱하지 않게 한다.

영양만점
오트밀을
만들어요

글 김보라

제공나이	18개월 이상
준비물	블루베리 적당량, 오트밀 20g, 우유 50ml, 알룰로스 시럽 3ml, 각 재료를 담는 적당한 용기, 쟁반, 앞치마

초대

"오늘 엄마랑 같이 내일 아침에 먹을 블루베리 오트밀
을 만들어 보아요."
손을 씻고, 앞치마를 입는다.

1) 준비된 요리 재료와 도구의 이름을 알려준다.

"이것은 블루베리예요. 블루베리."

같은 방법으로 오트밀, 우유, 시럽 순으로 소개한다.

2) 작업하는 것을 직접 보여주면서 아이에게 권한다.

"엄마가 그릇에 오트밀을 먼저 붓고, 그 다음에 ○○이가 해 보세요."

오트밀을 그릇에 붓는다.

우유가 담긴 용기를 "딱" 소리가 나게 그릇에 붙이고 천천히 따른다.

그릇에 블루베리, 시럽 순으로 넣는다.

"다 만들었어요. 이제 뚜껑을 닫아 줄게요."

엄마가 뚜껑을 닫는다.

정리

완성한 오트밀은 냉장고에 보관한다.

사용한 그릇은 싱크대로 가져간다.

목적
블루베리 오트밀을 만드는 실제적 기술을 배운다.
일상 생활 식문화에 적응력을 길러준다.
실제 물건을 다루며 감각적 경험을 제공한다.

흥미점
우유를 용기에 부을 때 "딱" 소리가 나는 것
재료가 담긴 접시를 용기 가까이 붙여서 붓는 것
직접 만든 오트밀을 먹는 것

주의점
사과, 바나나, 산딸기 등 다양한 과일로 활용할 수 있고, 해당 과일의 알레르기를 미리 확인한다.
알룰로스 시럽 대신에 꿀이나 아가베 시럽으로 대체 가능하다.
요거트 한 스푼을 첨가할 수 있다.

동글 동글
고구마
치즈볼

글 김은영

제공나이   18개월 이상

준비물   찐고구마 1, 슬라이스 치즈 1~2장
                매셔(고구마 으깨기),
                볼이 넓은 그릇,
                완성 접시,
                쟁반, 주걱

초대

아이를 초대한다.
"오늘은 고구마 치즈볼을 만들어 볼거예요."
손을 씻고, 앞치마를 입는다.

1) 준비된 요리 재료와 도구의 이름을 알려준다.

2) 작업하는 것을 직접 보여주면서 아이에게 권한다.

고구마와 치즈를 큰 볼에 넣어서 매셔로 으깬다.

"고구마 껍질 까기를 해 볼 게요. 잘 보고 따라해 보세요."

껍질을 깐 고구마와 치즈를 큰 볼에 넣어서 매셔로 으깬다.

"고구마와 치즈를 큰 그릇에 넣어 볼 게요. 잘 보고 따라 해 보세요."

"매셔로 고구마와 치즈를 으깨 볼 게요. 잘 보고 따라 해 보세요."

주걱으로 잘 섞는다.

"주걱으로 고구마와 치즈를 섞어 볼 게요. 잘 보고 따라 해 보세요."

으깬 고구마 치즈를 손으로 모양 만들어서 접시에 놓는다.

"고구마 치즈를 먹기 좋은 크기로 모양을 만들어 볼 게요. 잘 보고 따라 해 보세요."

엄마가 고구마 치즈볼을 전자레인지 30초~1분 정도 돌려서 완성한다.

고구마 치즈볼을 식힌 후, 아이가 먹을 수 있게 한다.

정리

사용한 물건을 싱크대로 옮긴 후 앞치마를 벗어서 제자리에 정리한다.

완성된 요리를 맛본다.

목적

고구마 껍질 까는 기술을 배울 수 있다.

매셔로 고구마 으깨는 기술을 배울 수 있다.

손으로 반죽하면서 손의 소근육을 발달 시킬 수 있다.

흥미점

매셔로 고구마 으깨는 것

주걱으로 치즈와 고구마 섞는 것

손으로 반죽하는 것

주의점

고구마는 아이가 껍질을 까고 으깰 수 있게 작은 크기로 잘라 놓는다.

가열이나 전자레인지 사용은 엄마가 한다.

매셔로 으깨기 전에 전자레인지에 30초~1분정도 돌리면 고구마가 물러지고 치즈도 녹아서 으깨기가 쉬워진다.

고소한
향이 나는
땅콩 가루

글 박은민

제공나이   24개월 이상

준비물   볶은 땅콩(뚜껑이 있는 통) 1회분,
절구, 숟가락,
땅콩가루를 담을 뚜껑이 있는 통,
껍질을 벗긴 땅콩 알맹이를 놓을 그릇,
껍질을 담을 그릇(**충분히 큰 것으로**)

초대

"엄마와 땅콩 가루 만들기를 해볼 거예요."
손을 씻고, 앞치마를 입는다.

1) 준비된 요리 재료와 도구의 이름을 알려준다.

2) 작업하는 것을 직접 보여주면서 아이에게 권한다.

"땅콩 껍질 벗기는 걸 보여 줄게요. 엄마가 먼저 해보고, OO가 해보도록 해요."

천천히 양 손 엄지 손가락으로 땅콩을 눌러 껍질을 벗기고, 껍질을 벗긴 땅콩은 그릇에 담는다.

아이가 땅콩 껍질을 벗긴다.

1회분 안에서 아이가 하고싶은 만큼 충분히 활동을 하도록 한다.

"다음은 땅콩 가루를 만드는 것을 보여 줄게요. 잘 보세요."

절구에 껍질을 벗긴 땅콩을 넣고 빻는 모습을 천천히 명확한 동작으로 보여준다.

가루가 된 땅콩은 통에 담는다.

아이가 절구를 사용하여 땅콩 가루를 만든다.

"땅콩 껍질을 음식물 쓰레기통에 버리도록 해요."

사용한 물건을 싱크대로 옮긴 후 앞치마를 벗어서 제자리에 정리한다.

완성된 요리를 맛본다.

목적
절구를 사용하는 실질적 기술을 배울 수 있다.
논리적인 순서에 대한 이해력을 길러준다.
활동을 반복하고 집중하면서 정상화를 돕는다.

흥미점
손가락에 힘을 주어 껍질이 벗겨지는 것을 경험하는 것
땅콩 껍질과 알맹이의 색과 질감이 다른 것을 경험하는 것
땅콩이 부서져서 가루가 되는 과정을 보는 것

주의점
땅콩은 1회분만 제공한다.
땅콩이 담겨있는 통은 뚜껑이 있는 것으로 준비한다.
쟁반에 담긴 교구 외에 정리 과정에서 작은 빗자루와 쓰레받기를 사용할 수 있게 준비한다.

상큼함
가득
레몬에이드

글 이선주

제공나이	30개월 이상
준비물	레몬 즙 짜개(레몬 스퀴저) 레몬(횡단으로 잘라 놓는다) 꿀 또는 시럽, 물 컵, 스폰지, 쟁반 작은 물주전자(저그)

초대

"오늘은 엄마랑 레몬 에이드를 만들어 볼거예요."
손을 씻고, 앞치마를 입는다.

1) 준비된 요리 재료와 도구의 이름을 알려준다.

2) 작업하는 것을 직접 보여주면서 아이에게 권한다.

횡단으로 반 잘라져 있는 레몬을 즙 짜개 위에 올려 둔다.

양 손을 레몬 위에 올려 빙글빙글 돌려 즙을 짠다.

즙 짜개 안에 들어 안에 담긴 주스를 확인한다.

양손으로 주스가 들어 있는 아래 부분을 작은 물 주전자(저그)에 넣어둔다.

즙이 담긴 주전자에 물을 넣는다.

아이에게 맞는 꿀이나 시럽을 넣는다.

잘 섞이도록 저어준다.

정리

사용한 물건을 싱크대로 옮긴 후 앞치마를 벗어서 제자리에 정리한다.

완성된 요리를 맛본다.

목적

레몬즙과 물이 희석되어 음료를 만들 수 있는 재미를 경험할 수 있다.

요리 도구들의 기능을 익힐 수 있다.

레몬이나 과일의 단면을 실제로 보고 만지며 감각 자극을 키울 수 있다.

흥미점

반이 횡단면으로 잘라져 있는 레몬을 볼 수 있음

덩어리진 과일이 액체화된 주스로 짜내는 과정을 볼 수 있고 먹을 수 있음

주의점

레몬과 물이 희석되는 양은 각 가정마다 기호에 따라 양을 정한다.

주스 만들기의 주 활동은 레몬을 즙 짜개에 누르는 것이다.

꿀이 맞지 않는 아이들이 있을 수 있어서 아가베 시럽이나 알룰로스등

아이에게 맞는 시럽으로 당을 대체하는 것이 좋다.

새콤 달콤
잼을
발라요

글 김수지

18개월 이상

준비물   버터나이프, 티스푼, 집게,
나무트레이, 나무도마, 접시2개,
미끄럼방지받침, 작은 그릇,
잼, (티스푼으로 5번정도 뜰 수 있는 양),
식빵(1장을 4분의 1로 잘라놓기),
앞치마

초대

"오늘 엄마랑 잼 바르기를 해 볼거예요."
손을 씻고, 앞치마를 입는다.

1) 준비된 요리 재료와 도구의 이름을 알려준다.

2) 작업하는 것을 직접 보여주면서 아이에게 권한다.

식빵 한조각을 나무 도마 위에 올린다.

티스푼으로 잼을 떠서 식빵 위에 올린다.

잼을 바른 식빵 위에 새로운 식빵 한 조각을 덮는다.

완성한 식빵을 접시에 옮겨 담는다.

정리

사용한 물건을 싱크대로 옮긴 후 앞치마를 벗어서 제자리에 정리한다.

완성된 요리를 맛본다.

목적

의지력을 발달시킨다.

운동의 협응력과 조절력을 기른다.

의지, 지식, 운동을 통합시킨다.

흥미점

숟가락으로 잼을 뜨는 것

버터나이프로 잼을 펴 바르는 것

집게를 사용하는 것

주의점

식빵의 개수는 2개 이하가 적당하다.

잼이 책상에 많이 묻을 수 있으니 젖은 행주를 준비해주는 것이 좋다.

아보카도를
눌러주세요

글 한원정

제공나이   18개월 이상

준비물   말랑한 아보카도 1개,
소금 1/8t, 레몬 즙 1T,
믹싱 볼, 매셔,
아보카도 칼,
숟가락, 도마

초대

"오늘은 엄마랑 아보카도 스프레드를 만들어 볼거예요."
손을 씻고, 앞치마를 입는다.

1) 준비된 요리 재료와 도구의 이름을 알려준다.

2) 작업하는 것을 직접 보여주면서 아이에게 권한다.

아보카도를 반으로 자르고 씨를 뺀다.

아보카도를 숟가락으로 떠서 믹싱 볼에 담는다.

소금, 레몬즙을 넣는다.

매셔로 아보카도를 으깬다.

정리

아보카도 껍질과 씨를 음식물 버리는 곳에 버린다.

사용한 물건을 싱크대로 옮긴 후 앞치마를 벗어서 제자리에 정리한다.

목적

아보카도 스프레드를 만드는 실제적인 기술을 배운다.

눈과 손의 협응력과 대, 소근육 운동을 돕는다.

실제 물건을 다루면서 감각적 경험을 제공할 수 있다.

흥미점

아보카도를 반으로 잘랐을 때 씨를 관찰하는 것

씨를 빼는 도구를 사용하는 것

아보카도가 으깨지는 것을 보는 것

주의점

매셔를 사용하기 때문에 서서 작업을 한다.

소금과 레몬즙을 먼저 넣고 아보카도를 으깨면 매셔에 아보카도가 덜 달라붙는다.

아보카도 스프레드를 만든 후에, 크래커나 빵에 발라 먹는 활동으로 연결할 수 있다.

글 최미란

아이와 처음 요리를 함께할 때 나는 두 가지 걱정을 했다. 과연 이 어린아이가 화채를 만드는 과정 내내 얌전히 앉아 작업을 해줄까? 그리고 실제 사용하는 칼을 가지고 안전하게 작업할 수 있을까? 하지만 나의 우려는 우려일 뿐이었다. 아이는 놀라울 정도로 나의 작업을 집중해서 지켜보고, 차분하게 그 과정을 이어나갔다. 어쩌면 나보다도 더 충실하고 안정적으로 과정을 수행해 나가는 모습이었다. 조심조심 바나나를 자르고, 그릇에 담고, 그릇에 우유를 붓는 모습에 굉장히 감동했다.

그날로 나는 장난감 칼과 플라스틱 과일 모형을 처분했고 러닝 타워를 마련했다. 그리고 지금까지 많은 요리활동을 아이와 함께 하고 있다.

가정에서의 요리 활동

굽기, 자르기

건강한
와플을
만들어요

글 김수경

<u>제공나이</u>	28개월 이상
<u>준비물</u>	밀가루 1/2컵, 아몬드 가루 1/2컵 베이킹파우더 1t, 소금 1/4t 계란 1개(애플 소스로 대체 가능) 올리브오일 1T, 메이플 시럽 2T 물 혹은 우유 1/3컵 믹싱 볼, 거품기, 주걱, 오일 브러시 계량 컵, 계량스푼, 채, 집게 접시, 와플 기계, 쟁반, 앞치마

초대

"오늘은 아몬드 와플을 만들어 볼 거예요."
손을 씻고, 앞치마를 입는다.

1) 준비된 요리 재료와 도구의 이름을 알려준다.

가루 재료/액체 재료/도구의 이름과 실물을 소개한다.

2) 작업하는 것을 직접 보여주면서 아이에게 권한다.

"먼저 밀가루를 체에 내려 볼게요. 엄마가 먼저 하고, ○○이가 해보기로 해요."

밀가루를 주걱으로 깎아 계량한 뒤 채에 넣고, 내린다.

아몬드 가루를 계량하여 체에 내리지 않고 믹싱 볼에 넣는다.

나머지 가루 재료를 믹싱볼에 넣는다.

액체 재료 또한 가루 재료와 동일하게 진행한다.

"이제 거품기로 모든 재료를 섞어 볼게요. 엄마가 먼저 하고, 그다음에 ○○이가 해보기로 해요."

거품기로 믹싱 볼의 재료를 섞는다.

주걱을 이용해 믹싱 볼의 반죽을 긁어서 모은다.

와플 기계를 예열하여, 오일 브러시로 코팅한 뒤 3분 정도 굽는 것은 엄마가 한다.

사용한 물건을 싱크대로 옮긴 후 앞치마를 벗어서 제자리에 정리한다.

완성된 요리를 맛본다.

목적

반죽과 와플을 만드는 실제적인 기술을 배울 수 있다.

일상생활, 식문화의 적응력을 돕는다.

기능적 독립을 이룰 수 있다.

흥미점

밀가루를 채 치는 것

밀가루와 아몬드 가루의 입자 크기의 차이를 발견하는 것

와플의 표면이 기계와 같은 패턴을 이루는 것을 보는 것

주의점

계란 알레르기가 있는 경우 계란 대신 애플 소스로 대체할 수 있다.

와플 기계가 뜨거우므로 아이에게 조심할 것을 안내하고, 어른이 관리한다.

아몬드와
바나나가 만나
쿠키가 되었어요

글 김유리

<table>
<tr><td>제공나이</td><td>18개월 이상</td></tr>
<tr><td>준비물</td><td>잘 익은 바나나 60g,
아몬드 가루 60g (작은 오븐 팬 1개 분량)
큰 볼 1개, 작은 볼 2개,
매셔, 주걱, 오븐 팬,
쟁반 2개, 쿠키 접시, 앞치마,
작은 수건, 작은 오븐</td></tr>
</table>

초대

"오늘은 엄마랑 아몬드 바나나 쿠키를 만들어 볼 거예요."
손을 씻고, 앞치마를 입는다.

1) 준비된 요리 재료와 도구의 이름을 알려준다.

2) 작업하는 것을 직접 보여주면서 아이에게 권한다.

잘 익은 바나나 60g을 반죽용 큰 볼에 넣고 매셔로 잘 으깨 준다.

아몬드 가루 60g을 반죽용 큰 볼에 넣고 주걱으로 으깬 바나나와 함께 잘 섞어 준다.

(큰 볼 아래 작은 수건을 깔면 밀리는 것을 방지할 수 있다.)

잘 섞은 반죽을 원하는 쿠키 모양으로 오븐 팬에 패닝한다.

작은 오븐에 쿠키 반죽을 패닝 한 오븐 팬을 넣고 170도에서 10분간 굽는다.

사용한 물건을 싱크대로 옮긴 후 앞치마를 벗어서 제자리에 정리한다.

"식탁 위에 가루가 떨어졌네요. 행주로 닦아 보기로 해요."

목적

쿠키를 만드는 기술을 배울 수 있다.

요리하는 작업의 순서에 대한 이해력을 높일 수 있다.

의지력과 집중력이 발달한다.

흥미점

매셔로 바나나를 으깨는 것

주걱으로 바나나와 아몬드 가루를 섞는 것

완성된 쿠키를 접시에 옮기는 것

주의점

넛츠류 알레르기를 꼭 확인 후 작업한다.

아몬드 가루는 유분이 많기 때문에 채로 치지 않는다.

바나나는 최대한 많이 익은 것을 사용해야 쿠키가 달다.

내가
만든
쿠키에요

글 이은진

<u>제공나이</u>	20개월 이상 (발달단계에 따라 조절)
<u>준비물</u>	밀가루 250g(소금, 설탕, 치즈분말 미리 포함), 달걀 1개, 버터 1조각, 믹싱 볼, 거품기, 종이 포일, 주걱, 반죽 밀대, 쿠키 틀, 오븐 팬, 쟁반, 앞치마

초대

"오늘은 엄마랑 쿠키를 만들어 볼 거예요."
손을 씻고, 앞치마를 입는다.

1) 준비된 요리 재료와 도구의 이름을 알려준다.

2) 작업하는 것을 직접 보여주면서 아이에게 권한다.

"먼저 밀가루 반죽을 해 볼게요. 엄마가 먼저 하고, ○○이가 하기로 해요."
반죽 후 반죽 밀대로 밀어 넓게 펼친다.
"이 밀대로 반죽을 넓게 펼쳐 볼게요. 잘 보고 ○○도 해보세요."
쿠키 틀로 쿠키 모양을 찍는다.
"여기 있는 쿠키 틀로 쿠키 모양을 만들어 볼게요. ○○이도 해보기로 해요."
쿠키를 오븐 팬 위에 올린다.
예열한 오븐에 오븐 팬을 넣는 것은 엄마가 한다.
구운 쿠키는 한 김 식힌 후 집게로 그릇에 옮긴다.

사용한 물건을 싱크대로 옮긴 후 앞치마를 벗어서 제자리에 정리한다.
"식탁 위에 밀가루가 떨어졌네요. 행주로 닦아 보기로 해요."

목적
쿠키를 만드는 실제적 기술을 배울 수 있다.
작업의 논리적 순서에 대한 이해를 돕는다.
남녀평등 의식을 키워줄 수 있다.

흥미점
밀가루 반죽을 섞는 것
쿠키 틀로 쿠키 모양을 찍어내는 것
직접 만든 쿠키를 가족 구성원에게 나눠주고 함께 맛보는 것

주의점
밀가루를 준비할 때 소량의 재료들(소금, 설탕 등)은 미리 넣어둔다.
밀대나 쿠키 틀에 밀가루를 묻히면 반죽이 달라붙지 않는다.
오븐이 뜨거우니 아이에게 위험성을 설명하고, 엄마가 다룬다.

돌돌
치즈
말이

글 고우라

제공나이	30개월 이상
준비물	만두피, 치즈, 파프리카, 물 접시 2개(모양이 다른 것으로), 2구 소스 그릇, 물 종지, 앞치마, 쟁반, 오븐, 집게, 오븐 전용 그릇

초대

"오늘은 엄마랑 치즈 말이를 만들어 볼 거예요."
손을 씻고, 앞치마를 입는다.

1) 준비된 요리 재료와 도구의 이름을 알려준다.

만두피, 치즈, 파프리카와 교구를 설명하고, 탐색할 기회를 준다.

2) 작업하는 것을 직접 보여주면서 아이에게 권한다.

만두피를 접시에 옮긴다.

"만두피를 접시 위에 올려 볼게요."

치즈 껍질을 까서 만두피 위에 올린다.

파프리카를 치즈 위에 올린다.

만두피 가장자리에 손가락으로 물을 찍어 바른다.

만두피를 말아 치즈 말이를 완성한다.

"돌돌 말아주기로 해요."

아이도 만들어보기를 권한다.

완성한 치즈 말이를 오븐 전용 그릇에 옮겨 오븐에서 굽는다.

사용한 물건을 싱크대로 옮긴 후 앞치마를 벗어서 제자리에 정리한다.

목적

협응 된 운동의 발달을 돕는다.

논리적 순서에 대한 이해를 증진시킨다.

감각적인 경험을 제공한다.

흥미점

치즈 포장을 까는 것

물 종지의 물을 만두피에 바르는 것

만두피를 마는 것

주의점

오븐에 굽는 작업은 엄마가 진행하며, 안전에 대해 주의하도록 안내한다.

올바른 식습관 형성을 위하여 야채 등의 속 재료를 교체해 줄 수 있다.

여러 개를 한 번에 만들 시 치즈 껍질을 담을 그릇을 따로 준비해 주어야 한다.

싹둑 싹둑
계란
자르기

글 김계영

제공나이	16-18개월 이상
준비물	삶은 계란 (1회 1개 제공하되, 여분의 계란을 준비한다.) 그릇, 도마, 집게, 에그 슬라이서, 쟁반, 앞치마

초대

"오늘은 엄마와 함께 계란 자르기를 해보기로 해요."
손을 씻고, 앞치마를 입는다.

1) 준비된 요리 재료와 도구의 이름을 알려준다.

"이것은 계란이에요. 이것은 계란 껍데기를 담을 접시예요."
나머지 교구의 이름도 소개하고, 탐색하도록 한다.

2) 작업하는 것을 직접 보여주면서 아이에게 권한다.

"먼저 계란 껍데기를 깔 거예요. 엄마가 먼저 하고, ○○이가 해보기로 해요."
계란을 책상에 톡 두드려 틈을 낸 뒤 껍질을 깐다.
깐 계란의 껍질을 껍질 넣는 접시에 담는다.
깐 계란을 슬라이서 위에 올리고, 천천히 커터를 내린다.
잘라진 계란을 집게로 도마 위에 올린다.
도마 위의 계란을 맛있게 먹는다.
계란을 다 먹으면 반복을 권한다.

정리

남은 계란은 접시에 따로 보관한다.
사용한 물건을 싱크대로 옮긴 후 앞치마를 벗어서 제자리에 정리한다.

목적
계란을 자르는 실제적 기술을 배운다.
작업의 논리적인 순서 및 체계에 대한 이해를 길러준다.
협응력, 조절력, 대근육, 소근육 운동의 발달을 도와준다.

흥미점
계란을 책상에 톡 두드려 껍질을 깨서 까는 것
슬라이서로 계란을 자르는 것
집게로 계란 조각을 도마에 옮기는 것

주의점
아이가 계란 알레르기가 있는지 확인 후, 계란 껍데기 까기 선행 후 활동할 것을 추천한다.
슬라이서는 아이가 혼자 다루기에 안전하지 않으므로 엄마가 관리한다.
계란의 껍질은 화분의 좋은 비료(화초 영양제)가 되기 때문에 껍질은 버리지 않고 준비
된 통에 모아두어 말린 후, 막을 제거하여 〈계란 껍데기 빻기〉로 확장 활동을 할 수 있다.

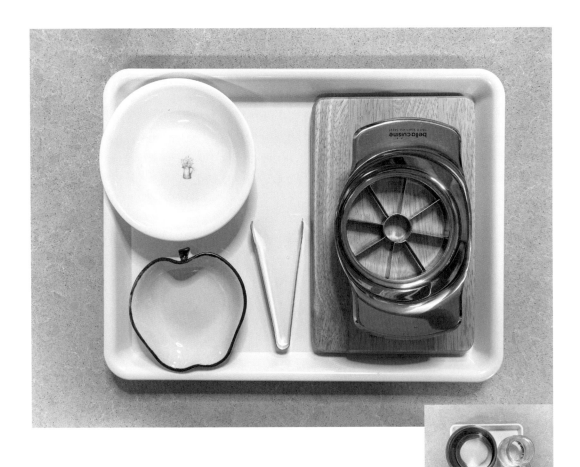

유자향
듬뿍
무절임

글 안진희

제공나이	18개월 이상
준비물	배합초: 식초 100ml, 물 100ml, 설탕 2/3T, 소금 한 꼬집 슬라이스 무 1/4 토막과 무 담는 접시, 유자청과 유자청 담는 접시, 수저, 집게, 도마, 슬라이서, 숙성을 위한 보관통, 앞치마

초대

"엄마랑 유자청 무절임 만드는 것 같이 해보도록 해요."
손을 씻고 앞치마를 입는다.

1) 준비된 요리 재료와 도구의 이름을 알려준다.

2) 작업하는 것을 직접 보여주면서 아이에게 권한다.

한쪽에 준비한 슬라이스 된 무가 담긴 접시를 가져온다. 집게를 사용하여 무를 한 장 꺼내 도마 위에 놓는다.

슬라이서를 무 위에 올리고 자르는 법을 안내한다. "슬라이서로 무를 어떻게 자르는지 보여줄게요."

무 위에 슬라이서를 올리고 슬라이서를 눌러 무를 자른다. 아이가 무를 자르도록 권한다.

반복을 권하고, 아이가 하고 싶을 때까지 (준비된 무를 사용할 때까지) 무를 자른다.

"집게로 도마에 있는 무를 보관통에 옮기도록 해요." 아이가 자른 무를 모두 보관 통에 넣도록 권한다.

1회 사용할 만큼 미리 소분한 유자청이 담긴 접시를 가져온다.

"숟가락으로 유자청을 통에 넣어볼게요. 그다음에 ○○이도 넣어보아요." 엄마가 한 숟가락 넣고 아이가

2 숟가락 넣도록 권한다.

"이것은 식초와 물과 설탕을 끓여서 만든 배합초야. 엄마가 미리 끓였고, 뜨거워서 식혀두었어요.

어떻게 통에 붓는지 보여줄게요." 아이가 병에 담긴 배합초를 모두 통에 넣도록 권한다.

보관 통의 모든 재료를 숟가락으로 섞도록 권한다.

"우리가 넣은 무, 배합초, 유자청이 잘 섞이도록 섞어보도록 해요."

엄마가 조심스럽게 섞는 법을 보여준 뒤 아이가 섞도록 권한다.

사용한 물건을 싱크대로 옮긴 후 앞치마를 벗어서 제자리에 정리한다.

목적
무를 자르는 실제적 기술을 배운다.
일상생활 식문화에 적응력을 길러준다.
협응력, 조절력, 대근육, 소근육 운동의 발달을 도와준다.

흥미점
슬라이서를 사용하는 것
집게로 무를 보관 통에 담는 것
병에 담은 배합초를 보관 통에 붓는 것

주의점
무는 미리 가로로 슬라이스해 두고 유자청은 1회분만 미리 소분한다.
배합초는 활동 전 미리 만들어서 상온에서 식힌다.
사과 자르기 선행한 뒤 활동하는 것이 좋다.

체리
씨가
쏘옥

글 박수화

제공나이	20-24개월 이상
준비물	체리 씨 제거 도구(체리 피터(pitter))
	체리를 담을 그릇, 체리 꼭지와
	제거된 씨를 담을 그릇
	씨를 뺀 체리를 담을 접시
	집게 또는 체리 피커(picker)
	도마, 앞치마(어른용, 아이용)
	쟁반(교구 전체를 담을 용도)

초대

"오늘은 엄마랑 체리씨 제거 해볼 거예요."
손을 씻고, 앞치마를 입는다.

1) 준비된 요리 재료와 도구의 이름을 알려준다.

"체리 안에는 씨가 있어요. 우리가 체리를 먹으려면 씨를 제거하고 먹는 것이 안전해요."
"이 쟁반에는 체리 씨를 제거할 수 있는 교구가 있어요."

2) 작업하는 것을 직접 보여주면서 아이에게 권한다.

"체리 씨를 제거하기 전에 꼭지가 붙어 있다면 떼어내줘야 해요. 엄마가 먼저 하고
그 다음 ○○가 해보기로 해요."
한 손으로 체리를 잡고 엄지와 검지를 이용해서 체리의 꼭지를 잡아당긴다.
"이제 체리를 체리 피터 안에 넣어볼게요."
체리 피터 안의 구멍에 체리를 알맞게 넣는다.
두 손으로 체리 피터의 윗부분을 잡고 꾹 - 눌러준다.
체리 피터의 아래 컨테이너 부분에 제거된 체리 씨가 담겨있는지 확인한다.
"우리 ○○이도 한번 해보기로 해요."

정리

제거된 체리 씨를 버리고 책상에 체리 과즙을 행주로 닦는다.
사용한 물건을 싱크대로 옮긴 후 앞치마를 벗어서 제자리에 정리한다.

목적

체리피터를 사용하는 실제적인 기술을 배우며 삶의 적응력을 높인다.
체리피터를 사용하여 운동의 협응력과 조정력, 소근육을 발달시킨다.
집중력이 발달하고 논리적 순서에 대한 이해력을 높인다.

흥미점

체리를 도구의 구멍에 잘 맞춰 넣는 것
체리 씨 제거를 위해 도구를 누르는 것
체리 씨가 제거되어 나온 것을 확인하는 것

주의점

체리 알레르기가 있는지 미리 확인한다.
도구의 구멍에 잘 맞추지 못하면 도구를 누를 때 씨앗 제거가 한 번에 안 될 수도
있으므로 엄마가 적절한 가이드를 해 준다.
어린 연령의 아이의 경우 도구를 누르는 힘이 부족할 수 있으므로 함께 합을 맞춰 누를 수 있다.

말랑
말랑
청포묵

글 송영주

제공나이 18-20개월 이상

준비물 청포묵 150g~200g,
들기름 1티스푼,
간장 1티스푼,
깨소금 1티스푼,
어린이용 김 3~4장
앞치마, 도마,
넓은 볼 그릇,
묵칼, 숟가락

초대

"오늘은 청포묵 김무침을 만들어볼 거예요."
손을 씻고, 앞치마를 입는다.

1) 준비된 요리 재료와 도구의 이름을 알려준다.

2) 작업하는 것을 직접 보여주면서 아이에게 권한다.

"엄마가 먼저 자르고 ○○이가 자르고 넓은 볼 그릇에 담아볼게요."

청포묵을 자르고 넓은 볼 그릇에 담는다.

"엄마가 먼저 소스를 섞어보고 ○○이가 넣어보도록 해요."

들기름, 간장, 설탕, 깨소금을 그릇에 차례대로 넣는다.

"김을 손바닥에 올려 두고 부셔서 넣어 볼게요."

아이가 김을 손에 올려놓고 김가루로 부셔서 넣는다.

"엄마가 먼저 섞고 ○○이가 섞어볼게요."

볼 그릇에 담긴 재료를 숟가락으로 섞어본다.

사용한 물건을 싱크대로 옮긴 후 앞치마를 벗어서 제자리에 정리한다.

목적
청포묵 김 무침을 만드는 실제적 기술을 배울 수 있다.
일상생활, 식문화의 적응력을 돕는다.
기능적 독립을 이룰 수 있다.

흥미점
묵 칼로 청포묵을 자르는 것
묵의 자른 단면을 만져 보는 것
김을 손바닥으로 쥐고 부수는 것

주의점
청포묵은 미리 삶아서 식힌 후 제공한다. (대체 재료인 묵, 두부도 삶아서 제공)
묵 칼을 사용할 때 아이의 손이 다치지 않도록 주의하여 제공한다.
조미가 많이 된 김은 피하고 어린이용 김으로 선별한다.

건강하고 똑똑한 아이로 키우는 미각교육

글
박보경
아이미각연구소 소장

심장병과 비만에 걸리기 쉬운 유전자를 모두 갖고 태어난 아이도 균형 잡힌 식습관을 통해 건강하게 자랄 수 있다. 〈동의보감〉에 '음식이 곧 약이다'라는 말이 나오는 것처럼, 이것이 바로 올바른 식습관의 힘이다. 이처럼 아이의 잠재 질환마저 고칠 수 있는 좋은 식습관을 갖기 위해서는 미각교육에 대해 반드시 알아야 한다.

미각교육은 아이들이 어릴 적부터 음식이 가지고 있는 본연의 맛을 느끼고, 음식을 먹는 즐거움을 알아가면서 궁극적으로 건강하고 올바른 식습관을 확립하는 것을 목표로 한다. 무엇보다 어린 시절부터 음식의 기본적인 맛을 인지하는 교육과 감각을 활용한 미각교육을 하면 아이의 편식을 막을 수 있고 주체적인 식습관을 형성시키는 데 큰 도움을 준다. 또한, 식사 예절을 익히고 우리 농산물 및 전통 음식에 자부심을 갖으며 그 우수성을 인지하게 되는 등 긍정적인 효과가 큰 교육이다.

부모가 시작하는 미각교육

만 1~3세의 아이에게는 식사를 통해 아이의 여러 가지 발달을 촉진시켜주어야 한다. 이 시기에는 아이의 좋고 싫음이 분명해지고 특정한 것에 집착하기도 하며, 스스로 시도하려고 하지만 잘되지 않아서 힘들어한다. 이 시기에는 여러 번의 시행착오를 통해 아이의 올바른 미각을 키워줘야 할 중요한 시기이다. 무엇보다 식사를 통해 아이의 성장을 돕기 위해서는 먼저 아이가 잘 먹어주어야 한다. 아이의 발달 수준에 맞는 음식과 식사 방법으로 아이가 먹고 싶다는 기분이 들 수 있도록 최대한 배려해 줘야 한다. 이를 통해서 아이는 스스로 음식을 먹는 즐거움을 알아가고 가족, 친구와 함께 음식을 먹는 것이 행복한 일이라는 것을 자연스럽게 깨닫게 될 것이다.

아이들은 새로운 경험을 통해서 배우고 변화한다. 경험으로부터 얻어지는 자극은 아이의 감각 기억을 재구성하며, 새로운 경험과 지속적인 자극이 반복될수록 효과는 더욱 커지기 마련이다. 몸의 다섯 가지 감각기관을 활용하여 음식을 탐색하고 음식과 친해지고 음식 본연의 맛을 즐겁게 알아가는 것이 미각교육의 기초이다.

부모가 알아두면 좋은 미각교육 10

1. 최소한 여덟 번의 반복적인 경험과 체험이 필요하다.

아이의 미각은 맛을 학습하면서 성장해 간다. 아이들이 집중할 수 있도록 체험 시간은 가능한 짧게 하고, 규칙적이며 지속적으로 체험할 수 있게 하는 것이 좋다. 또한, 호기심을 자극할 수 있는 활동을 준비해 주고, 반복하여 맛을 학습할 수 있게 한다. 한 가지 음식을 반복하다 보면 아이가 조금 지겨워할 수도 있지만, 반복된 학습에 의해 음식에 대한 기호가 정착된다는 것을 유념한다.

2. 오감을 자극할 수 있는 다양한 식재료로 맛을 경험하게 한다.

가정에 흔히 있는 재료를 활용하되 아이의 오감을 충분히 자극할 수 있는 다양한 소재의 재료를 활용한다. 아이가 다양한 식재료에 대한 폭넓은 정보를 습득하면, 주체적으로 올바른 식품을 선택할 수 있는 능력이 생긴다.

3. 자기 주도적인 식사를 할 수 있도록 도와준다.

미각교육은 아이들과 식재료를 활용하여 다양한 게임과 체험을 하는 놀이 활동이 주로 이루어진다. 이러한 놀이를 통해 자연스럽게 아이의 편식 행동이 개선되고 아이는 주체적으로 음식을 골고루 먹게 된다. 아이의 성장과 발달 단계를 고려하여 아이가 스스로 식사 도구를 활용해 음식을 먹을 수 있게 도와야 한다. 아이의 경험을 제한하지 말고 스스로 할 수 있는 기회를 주며 아이가 잘하면 칭찬을 한다. 아이는 스스로 맛있게 음식을 먹으면 성취감을 느끼고, 이는 자신감으로 연결된다.

4. 음식을 준비하고 만드는 과정에 아이가 참여하도록 한다.

식재료의 다양한 색감과 형태, 조리 중에 들리는 소리, 냄새 및 조리 전후의 재료 변화 과정 등을 오감을 통해 접하게 하면 아이의 식욕을 자극하여 음식을 더욱 즐겁고 맛있게 먹을 수 있게 된다.

5. 미각을 방해하는 요소를 배제한다.

아이가 식사에 집중할 수 있는 환경을 만들어주고 음식 본연의 맛을 인지하는데 방해가 되는 식품첨가물이나 풍미가 강한 향신료 등은 피하는 것이 좋다. 또한, 식사 중에 텔레비전이나 라디오 등 여러 가지 소리와 음식에 대한 과한 정보, 너무 자극적인 맛의 음식 등은 미각교육 에 방해가 될 수 있다.

6. 아이가 가진 미각의 약점을 보완하도록 한다.

아이가 싫어하는 맛은 좋아하는 맛을 더해 주면 싫어하는 맛을 극복할 가능성이 있다. 일반적 으로 쓴맛을 싫어하는 아이들에게는 쓴맛과 친숙해질 수 있도록 아이가 좋아하는 단맛이나 기름진 맛 등을 조합하는 것도 방법이다. 아이는 오감으로 맛을 느끼기 때문에 감각이 둔해지 지 않도록 하며, 꾸준히 미각을 키우는 것은 감성을 키우는 일이기도 하다.

7. 즐거운 분위기로 가족과 함께 식사를 한다.

부모와 함께 식탁에 앉아 식사하는 시간을 통해 아이는 음식을 먹는 즐거움과 나누는 즐거움, 그리고 배려하는 마음을 키워간다. 아이 혼자 먹기보다는 식구들이 함께 식사하는 과정에서 대화가 싹트고 부모의 올바른 식습관을 아이가 배우는 기회가 된다.

8. 미각교육을 통해 아이와 친밀감을 형성한다.

아이의 눈높이에 맞는 오감을 활용한 다양한 놀이 및 체험을 통해 아이와 부모는 유대감을 형 성하고 더욱 친해질 수 있으며, 이는 아이의 정서 함양에 큰 도움이 된다.

9. 음식의 시각적인 효과를 중요시한다.

아이에게 보는 즐거움을 선사한다. 아이들이 좋아하는 알록달록한 색감이나 귀여운 형태의 식재료나 요리는 아이가 호기심을 느끼고 음식을 먹어보고 싶은 욕구가 생기게 도와준다.

10. 아이가 먹기 쉬운 음식 메뉴로 영양을 챙기도록 한다.
아이가 싫어하는 재료는 잘게 다지거나 좋아하는 요리에 섞어서 주거나, 영양가가 비슷한 식품으로 대체하는 등 영양 균형이 무너지지 않는 방안을 고려한다. 식재료의 형태나 크기, 단단함의 정도 등은 아이의 발달에 맞추고 부족한 영양소는 간식으로 보충해 하루 식사의 질을 높이도록 한다.

아이의 신체적·정신적 발달이 건강하게 성장할 수 있도록 우리 아이 건강하고 똑똑하게 키우기! 미각교육, 오늘부터 시작해 보길 바란다.

이 책의 집필에 참여한
엄마와 교사들

고우라 고은비 곽희재 김계영 김민영 김보라 김수경
김수지 김유리 김은영 김혜미 문지영 박성희 박수화
박유나 박은민 박이슬 백선미 송영주 안진희 유은선
이도경 이미경 이새해 이선주 이은진 이은혜 전민지
최미란 최영은 추교진 한원정 현소이 (가나다순)